# ひとり社長の儲かる会社経営のキモがわかる本

中尾誠一 著

セルバ出版

# はじめに

こんにちは。スーパー・アカデミーの中尾誠一です。

この度は、本書を手に取っていただいて、ありがとうございます。

## 1人起業が増えている！

終身雇用制という概念は崩れ、定年まで会社が面倒を見てくれる保証はなくなりました。

それに、ＡＩの発達により、多くの会社で余計な人材を減らす舵を取っています。人生百年時代というけど、年金も当てにならないでしょう。

「これなら、もう、独立してしまおうかなぁ」と調べてみると、昔に比べて様々な意味で起業のハードルは下がっています。資本金だって1円で大丈夫だし、事務所もレンタルオフィスやバーチャルオフィスを使えば、家賃だって低く抑えることができます。

社員を雇わなければ、今ある貯金で軌道に乗るまで、十分に耐えることができそうです。

「贅沢に生きることはできないかもしれないけど、身の丈に合った方法を堅実にやっていけば、今の給料より収入を増やすことができるだろう。やらずに後悔するより、やって後悔するほうがいいともいうしなぁ」

そんな風に考えて、ひとり社長として独立する人が増えているのです。

## 起業しても半数以上が会社をたたんでいる

ある統計によれば、独立起業して3年も経たないうちに、半数以上が会社をたたんでいるそうです。

しかし、ひとり社長で食べていくなら、意外となんとかなったりするのです。もちろん、収入はサラリーマン時代より、ちょっと稼げている程度ですが……。

思うような売上をつくり出せないので、多くのひとり社長が注力するのが異業種交流会でしょう。たくさんの人に出会いさえすればブレイクスルーできると考え、大切な時間を使って交流会に参加します。また、SNSなら広告費が掛からないから、フォロワーが少ないのに、バズることを期待して時間を投入するのです。

もちろん、集客はひとり社長のビジネスの生命線とも言える重要なものです。

ですが、ひとり社長の場合、それだけでは売上を伸ばしていくことはできません。ひとり社長だからこそ、押さえておかないといけないポイントがあり、それができているかどうかが会社の売上を決めるのです。

これは、私自身が、ひとり社長の会社を立ち上げ、あの手この手でやってましたが、なんとなくしっくり来なかったときに学びました。割と低いところに天井があり、右肩上がりの成長曲線ではなく、いいときと悪いときと波打つような不安定な売上を経験し、たくさんの失敗から得た知恵です。

## ひとり社長の会社と組織のある会社とでは要領が違う

私は、24歳のときに広告代理店を起業し、300人規模まで会社を拡大しました。組織力を活かして全国案件を多く取り扱っていたので、当時、同じ業界で私の会社を知らない人はいなかったと思います。

設立20年にして、友人で共同経営者と経営方針の違いとお金の面で紛争があり、やむなく代表取締役を辞任し、第二創業をすることになりました。

新たに始めるときに決めたことの1つが、ひとり社長でやることです。これまでたくさんの人を雇って組織で仕事をしてきましたが、意外と利益が薄かったので、今度は高利益率のビジネスをひとりでやり、どこまで利益を出せるかを挑戦することにしました。

ゼロから300人規模まで事業を拡大してきたので、ひとり社長でも事業を発展させる自信がありました。ところが、実際にやってみると、営業、サービス提供、事務作業など、すべて自分でやらなければなりません。これまで積み上げてきた知識と経験があるので、逆にすべて自分でできるのでやってしまう。だから、常に忙しく、その割に、儲からない。そんな場面をいくつも体験したのです。

## 毎日忙しく頑張っただけでは儲からない

ひとり社長の場合、とにかくガムシャラに働きさえすれば、時間の経過とともに売上が上がり、そして右肩上がりに成長をすると、なんとなく思っている方もいらっしゃるかもしれません。

しかし、残酷な話なのですが、忙しいのと売上が上がるのは別の話。ただ毎日、真面目にガムシャラに働けば、ひとり社長のあなたの売上は、勝手に引き上がっていくかというと？　答えはＮｏです。

冷静に考えれば当たり前のことなのですが、ひとり社長である限り、こなせる仕事の量には限りがあり、社員を雇わない限り、ひとり社長に与えられた時間は増えません。こなせる仕事の量が増えないので、やり方や方法を大きく変えない限り、売上は増えていかないのです。

では、忙しくなれば、従業員を雇えばいい話じゃないのか？　ダメです。そんなに簡単に人を増やしてはいけません。

なぜならば、ひとり社長は難しいことも多いですが、それを上回るメリットがあると私は思っています。それは、利益率の高さと損益分岐点の低さ。更には、自分自身ですべてを意思決定できるので、ビジネスにスピード感があります。

サラリーマンからの起業と、社長からの起業。

入口の違いはありますが、同じひとり社長として、売上を増やしていくのにぶつかる壁は同じです。

私の数多くの失敗の経験から得た知恵が、現状を打破しようと頑張っているひとり社長が出口を見つけるきっかけになればと思い、ひとり社長の儲かる会社の運営を本書にまとめました。

中尾　誠一

2023年4月

ひとり社長の儲かる会社経営のキモがわかる本　目次

はじめに

## 第1章　ひとり社長の会社運営の特徴を知る

## 第2章　儲かる会社の設計図（事業計画）のつくり方



## 第3章　儲かる会社の設計図の精度を高める

## 第6章　プロセス設計の実行を自動化する

# 第7章　実施にあたって知っておいてほしいこと

# 第1章　ひとり社長の会社運営の特徴を知る

# 1　なぜか上手くいかないひとり社長の闇

## 売上を伸ばす会社の共通点

広告代理店とコンサルティング会社を29年間経営する中で、数えきれないほどの会社や経営者を見てきましたが、売上を伸ばしていく会社には共通点があります。

それは、「商品力」「販売力」「市場のニーズ」「情熱」の4つが揃っていることです。

### ①商品力

「商品力」はビジネスの生命線ともいえるものです。

機能、性能、デザイン、価格、利便性など、競合と異なる魅力がなければ、顧客を魅了することはできません。購入してもらうことも、再購入していただくこともできません。

もし、商品やサービスの品質が悪ければ、販売すればするほど会社やお店の信用度を下げ、事業の継続すらも難しくなってしまいます。

例えば、飲食店の場合、料理が美味しくなければ、お客様が来れば来るほど悪い噂が立ち、お店を存続するのすら難しくなるのです。

## ②販売力

そして、「販売力」。販売は、会社や商店に売上をもたらしてくれる唯一の方法です。

どんなにいい商品やサービスを取り扱っていたとしても、その魅力を伝え、欲求を高め、顧客に消費行動を起こさせる販売力がなければ、売上をつくり出すことはできません。

実際、いい商品やサービスを取り扱っているにもかかわらず、販売力が低いために経営が苦しくなっている会社や商店は少なくないのです。

## ③市場のニーズ

それから、「市場のニーズ」も必要です。

優れた商品やサービスを取り扱い、販売力があったとしても、それを欲しがる顧客が市場に一定数いなければ、売上を伸ばすことはできないからです。

## ④社長の情熱

最後に、「社長の情熱」。

どんなにいい商品を取り扱い、販売力もあって、市場にニーズがあったとしても、簡単に売ることはできません。それに、思いもよらなかったことが起こることもあります。２０２０年から世界的に流行したコロナウィルス感染症など、いったい誰が予想したでしょうか？

過去に私が取り扱ったものの中で、商品力が高く、周りの人たちに相談したら、「それ、絶対、凄く売れますよ」と言ってくれたものがありました。

ところが、チラシを配っても1つも売れません。チラシの内容やデザインを変えて5回、10回と配ってみたけれども、ほとんど反応がありません。実はそんなことが起こるのは珍しいことではないのです。どんなにいい商品で、販売力もあり、市場にニーズがあったとしても、簡単にバカ売れするなんてことにはなりません。

売上を伸ばすには、情報を集めたり、創意工夫をしたり、手間暇をかけて地味な作業を不断に実行する必要があります。だから、必ず成功させるという社長の情熱が不可欠なのです。

## ひとり社長の壁

売上を伸ばしているところが、「商品力」「販売力」「市場のニーズ」「情熱」の4つの要素が揃っていることは、私のように広告代理店を経営した経験がなくても、異業種交流会などで色んな経営者と話をしたり、成功者の講演会を聞く機会が多い人であれば感覚的に理解できていると思います。

ですから、商品やサービス、販売力に自信がある人は、絶対に成功できると信じて独立起業するのです。

ところが、実際に、ひとり社長として起業をしてみると、いい商品を取り扱い、市場にはニーズがあるのに思うように売れないのです。営業経験があり、販売力にはかなり自信があるのに売上を伸ばせていないという人も珍しくありません。

真面目に働いているし、売上を伸ばすために思いつく限りのことはやってはいるのですが、既存顧客からの評価も高いのに、なかなか儲かるようになりません。これが、「ひとり社長の闇」です。

## ２　なぜ、ひとり社長になると儲からなくなるのか？

### 継続的な会社のやり方のままでは通用しない

私は10年ほど前に、３００人規模の会社社長から、ひとり社長になりました。

会社をそこまで大きくするのに様々な経験も積みましたし、事業で培った人脈も持っていました。会社の規模は違っても、「経営のやり方は同じ」だと思っていましたから、ひとり社長としてスタートしたとき、すぐに成功すると高を括っていました。

ところが、なかなか思うような結果が出ません。もちろん、会社経営は規模に関わらず基本的なことは同じですが、組織がある会社で働いていたときと同じようにしても、右肩上がりに売上が伸びないのです。

私は経営コンサルタントとして起業したのですが、起業してすぐに、3社の顧問契約を獲得しました。それまでに培った人脈からの契約だったのですが、順調なスタートを切れたと思います。クライアントごとに月に1～2回訪問ですので、3社×2回訪問としても、月に6日ほどの稼働です。空いた時間に、広告代理店時代に経験を活かしてWebサイト制作の仕事を請け負う営業を行うことにしました。

当初、契約だけを取ってきて制作会社に外注するつもりだったのですが、実際にやってみると、外注費用を支払うとほとんど手元に残りません。「どうせ時間はあるんだから、自分でつくってしまえばいいじゃないか！」と考えて自社で制作することにしました。

仮に50万円のホームページを受注したとして、外注費がなくなればすべて自社の利益になります。すごくいい話に思ったのですが、これが間違いの始まりだったのです。

制作しているのは私だけですから、引き受けられる仕事の量は2～3社が限界で、それ以上は受注ができません。顧問先のコンサルティング費用とWebサイトの制作費で、会社の売上はすぐに天井を迎えてしまいました。

経営コンサルタントの業務の傍らWebサイト制作をし、完成したらまた営業、受注すればWebサイト制作、完成したらまた営業と、非常に忙しく働いているのに思うほど売上が上がらない……という状況になってしまったのです。

それも、上手く回っている間はよかったのですが、仕事が完了した時点で、すぐに次の受注が獲得できるとは限らず、収入は不安定になります。時期によっては収入がどんどん減っていくということも経験しました。

仕事が増えても受注できる量は限られているので、すぐに天井を迎えるし、逆に減るときは急速に減っていきます。この現実に、何日も不安で眠れない夜を過ごしました。

そうです。ひとり社長の闇にどっぷりと入り込んでしまったのです。

このままじゃいけないと思い、そこから働き方や仕事の取り方を色々試行錯誤をしたのですが、その過程で私はとてもシンプルな現実に気づきました。

それは、ひとり社長の会社と、組織がある会社では、戦い方が異なるということです。

人員も機動力もリソースも異なるのですから、当然と言えば、当然の話なのですが、長らく組織のある会社で働いていたので、その頃の感覚のまま働いていていてしまっていたのです。

## 3　ひとり社長の会社と組織のある会社の違い

### 違いを知る

では、ひとり社長の会社と組織のある会社では、何が違うのでしょうか？

図表1は、ひとり社長と組織のある会社の違いを主な点で比較したものです。この違いをしっかりと理解して会社運営に反映させていかなければなりません。

「何を当たり前のことを……」と言わないでくださいね。それは、このシンプルな違いが、戦い方に大きな違いを生み出しているからです。

例えば、組織のある会社なら、幹部や部下とミーティングやディスカッションをする機会がよくあります。色んな人の意見を聞けば、物事を多角的に見たり考えたりすることができます。それに、組織のある会社は、複数の人で共通の目的を達成するためにルールがつくられ、それぞれの社員がやるべきことが明確に決まっています。

そして、人の数だけ仕事に使うことができる時間があります。20人の社員がいれば、8時間労働で1日に業務を行う時間が160時間もあるのです。

でも、ひとり社長の会社には、社長ひとりしかいません。ですから、「ひとりよがりになりやすい」「ペースが乱れやすい」「時間が足りなくなりやすい」という状態になりやすいのです。

ほとんどのひとり社長は、組織のある会社から独立起業していますが、この違いがあることを知っておくことが大切です。何度も言いますが、ひとり社長の時間には限りがあり、今まで通りのやり方で、組織のある会社の頃の感覚のままで働いていると、いくら一生懸命頑張ったとしても、この3つのいずれかに足を取られ、ひとり社長の闇に入り込んでしまうのです。

## 【図表１　ひとり社長と組織のある会社の違い】

| | ひとり社長 | 社員を持つ法人 |
|---|---|---|
| マネジメント | ひとり | 多数 |
| 時間 | 限られる | 多数で活用 |
| 取引先 | 少 | 多 |
| 働き方 | ひとり | 多数 |
| 売上 | 低い | 高い |
| 営業利益率 | 高い | 低い |
| 損益分岐点 | 低い | 高い |
| 意思決定 | 早い | 遅い |
| 社員教育 | 不要 | 必要 |
| 事業運営 | ひとり | 多数で分業 |
| 規模の拡大 | 難しい | 容易 |

## 自分のことは自分が一番見えない

異業種交流会で出会った人と自社の話をしていて、「こうしたらいいんじゃないですか？」といった意見に、「なんで、そんな簡単なことに今まで気づかなかったんだろう」と思わされた経験は誰にでもあるものです。

なぜ、全く異業種で、業界のことを知らない人の口から、なぜ、ハッとさせられるようなアドバイス出てきたのでしょうか？

人は自分のことになると、ひとりよがりになってしまいます。思い入れが強いものほど主観は強くなるので、自分の事業のことになると冷静に見れなくなりやすいのです。

でも、異業種交流会で出会った人にとっては、あなたの事業は他人事。人は他者のことになると客観的に見ることができるので、ひとりよがりになっていた人では気づくことができなかったような意見が出てきたのです。

ひとり社長は、普段ひとりで仕事をしているので、どうしても自分の主観でビジネスを見てしまいやすい傾向があります。これは、ひとり社長に関わらず、人間は、自分が興味のあるものや、強く印象を受けたものに引っ張られたりすることもあります。また、日々の仕事に慣れ、当たり前になることで、商品の強みや魅力に気がつかなかったり、ビジネスモデルに問題点に気づくことができないまま、頑張り続けてしまうということがよく起こるのです。

# 4　主観という闇から抜け出すには

## 時間の使い方を絶えず意識しよう

私が、ひとり社長になって最初の頃にしたことの1つが、異業種交流会に入ることでした。異業種交流会に入れば、情報交換ができるだけでなく、異業種交流会で出会った人が顧客になってくれるかもしれないし、口コミで新規顧客を紹介してくれるかもしれないと思ったからです。

ところが、異業種交流会に入ってみると、メンバーとの交流や行事、頼まれ事の対応などが思っていたより多いのです。「顧客になってもらうにしろ、口コミしてもらうにしろ、まずは、信用を得ることが大切だ」と考えて積極的に関わっていたのですが、そのうちに責任ある立場を任されたりして、やりがいもあるから頑張ってしまい、気が付くと、どんどん時間が取られていたのです。

もし、あなたが組織を動かす社長なら、そんな働き方をしている社員がいたら、注意をすると思います。

そもそも、異業種交流会に参加をした目的は、顧客を増やすことでした。そのための手段として、信頼を獲得するために、頼まれ事や責任ある立場を引き受けていたはずなのに、いつの間にか目的と手段が入れ替わってしまい、「異業種交流会の活動に貴重な時間を取られているのではないか」

と思ってしまう具合にです。

社員がそんな状態になっていたら気づくのに、自分のこととなると、主観に囚われてそんなことに気づけていませんでした。でも、これは私だけの話ではないでしょう。実際、同じように異業種交流会の活動に多くの時間を削り取られている人をたくさん見てきました。

そして、これは異業種交流会だけの話だけではありません。日々の業務の中でも、目的と手段が入れ替わってしまい、収益を生み出す以外のことに時間を費やしてしまっていることはよくあることです。

## 視覚化して主観から抜け出してみる

この主観から抜け出すのに私が行っていることの1つが、行動を視覚化することです。目に見えるようにすることで、自分の行動を客観的に判断することができるようになるからです。

一度、ご自身のスケジュール帳を見ながら、次のように色分けをしてみてください。

- ご自身のビジネスを売り込む予定は、青。
- 相手から売り込まれる予定は、赤。
- 交流会や前記のどちらでもない予定は、黄色。

全体的に見て、暖かい色が多いと感じたなら要注意。自分の行動を振り返って、目的と手段が入れ替わっていないかをチェックしてみてください。

## 既存の枠組みから抜け出す

組織のある会社の場合、様々なテーマについて、ミーティングやディスカッションを行うことができます。それに、仕事帰りに、食事をしながら、いろんな意見交換をすることだってあるでしょう。立場や年齢、知識や経験が異なる人たちの意見や見解に触れることで、物事を多角的に見れるようになったり、話し合ううちにアイデアが生まれたりした経験は誰もが持っていると思います。

ところが、ひとり社長になると、会社をどんなふうに展開していくかや、販売方法などを話し合ったり相談する相手がいません。そのため、いつの間にか、既存の枠組みの中での思考や発想になってしまいやすいのです。

ひとり社長の中には、営業活動以外で、１週間、誰とも話をしたことがないという人も珍しくありません。

同業者や異業種の人にできるだけ会って、意見交換や相談をしてみる。そうするだけで、多角的に物事を見たり、アイデアが生まれてくるようになります。

それに、結果を出している人や積極的に挑戦している人の話を聞くことで、シンプルにモチベーションも上がります。

それから、発想を広げるなら、「もし」で考えてみることも有効です。

できるできないではなく、「もし、収入が3倍になったら」「もし、海外に拠点を移してリモートで仕事ができたら」「もし、すべての願いが叶うとしたら」といった具合に、もしで考えてみると、広い視野で発想することができるようになります。

そして、その状態で未来について考えてみます。大きく広げた発想を実現するためには、何が必要なのか？　どうしたら実現できるのか？　荒削りでいいので、そういった考えをまとめていくことで、既存の枠組みに囚われていない新しい発想が生まれてくるのです。

## 5　生産性の悪いペースに陥りやすい

### 出退勤時間を管理しよう

組織のある会社は、出退勤時間も、それぞれの社員がやるべき業務も決まっています。

ですから、あなたが、組織のある会社の社長なら、重役出勤をしても、その間に社員たちが働いてくれているので、業務が滞ることはありません。

ところが、ひとり社長が、組織のある会社の社長と同じように、重役出勤をしていると、その日に行う業務に支障が出てしまいます。

ひとり社長は、出退勤時間はもちろん、その日に行う業務も自分で決めることができます。「昨日は夜遅くまで働いたから、今日は少し遅めに出勤しよう」「疲れが溜まっていて集中力が落ちているから、今日は残務処理をしよう」といった具合に、よくも悪くも、自由に何でも決めることができるので、どうしてもペースが乱れてしまいやすいのです。

出勤時間が遅くなり、業務の時間が短くなれば、その日に処理できる仕事の量は減ります。やるべき仕事を翌日に持ち越せば、仕事はどんどん後ろ倒しになっていきます。

１日にすれば小さなことかもしれませんが、塵も積もれば何とやらで、ペースが乱れると、生産効率は確実に落ちるのです。

そして、何より怖いのが、乱れたペースが定着してしまうこと。こうなると、売上を伸ばすのは難しくなります。

## 管理は頭ではなくスケジュール帳にさせる

人間の意志の力は、本人が思っているほど強くありません。意志の力だけで自分を管理しようとしても、嫌なことは無意識に後回しにしてしまったり、簡単に今日くらいはいいかと力を抜いてしまったりするものなのです。

ですから、頭ではなくスケジュール帳で管理をしなければなりません。

出勤時間は決まった時間に設定し、必要な業務をスケジュールに入れ込み、その通りに行動するのです。

スケジュール帳に書き出す時間割の詳しいつくり方は後述しますが、例えば、アポイントではない、事業展開を考える時間などもスケジュール帳に書き出しておきます。

もしかしたら、そのとき頭が働かなくていいアイデアが浮かばないかもしれません。でも、思い付いたアイデアの欠片を紙に書き出す程度でもいいので、スケジュール帳通りに行動をしていきます。

そうやって、スケジュール通りに実行していくことで、ペースを守ることができるのです。

# 6 ひとり社長も会社で最も不足する資源

## 業務処理の効率化は必至

組織のある会社の場合、個々の社員の役割は決まっています。それぞれの社員が、自分の役割を果たしていくことで、会社として結果を出していくことができます。

でも、ひとり社長の場合、すべてを1人で行う必要があります。

例えば、組織のある会社なら、営業職の社員が、税理士との打ち合わせに参加することはないでしょう。ところが、ひとり社長は、集客や営業から事務処理、取引企業との打ち合わせまで業務のすべてを自分ひとりで行わなければなりません。

当然のことですが、誰にとっても1日は24時間。そして、その中で働ける時間は限られています。そのため、ひとり社長の会社では時間不足になりやすいのです。

やるべき業務が多いので、どんなに忙しく働いていても、重要順位を間違えて、売上に直結する業務に投資する時間が減ると、すぐに売上が下がります。

それに、１か月の間に受注できる仕事の量も限られてしまいます。組織のある会社なら、手の空いている社員に手伝ってもらうこともできるでしょうが、ひとり社長はそれができません。だから、売上はすぐに天井を迎えてしまうのです。

## ＩＴ化で生産性を高める

最も不足する資源である時間を、いかに上手く使うのか。

これが、ひとり社長の会社と組織のある会社の最も大きな戦い方の違いです。

時間をつくり出す１つの方法として、例えば、次のようなものがあります。

日本の労働生産性が低いことは有名ですが、その大きな理由として、特にサービス業のソフトウェアに対する投資が遅れていることが指摘されています。人間でなくてもできる仕事をやってしまっていることで、労働生産性が低くなっているのです。

同じように、社長でなくてもできる業務に時間を割いてしまっているひとり社長は少なくありません。

ソフトウェアを導入して、単純な事務作業を任せれば、時間をつくり出すことができます。そうやって時間をつくり出し、社長にしかできない重要な業務に専念すれば生産効率を高めることができるのです。

ひとり社長の会社と組織のある会社では、戦い方が異なることは理解していただけたでしょうか。

## 7　ひとり社長の会社を儲かる会社にするには

### 成功する会社運営のポイント

図表2は、ひとり社長の成功する会社運営のポイントです。

ひとり社長の会社を儲かる会社にするには、「設計図」「サポート体制」「時間割（スケジュール管理）」を持つこと。そして、「システムの活用（ＩＴ化）」をすることです。

ひとり社長は、工数に限りがありますので、設計図で示されたやるべきことを、スケジュールに落とし込み、サポート体制とＩＴ化は、社長のタスクの実行を支援し、目標達成に導きます。

**【図表2　ひとり社長の成功する会社運営のポイント】**

- 具体的な売上目標やビジョンが明確である。
- 売上目標やビジョンを達成させる計画がある。
- ビジネスモデル（儲ける仕組み）が確立している。
- 何をどれだけやれば、どれくらい儲かるか？明確である。
- 見込顧客やリードを獲得する方法を持っている。
- ひとり社長が自分自身でするべきことが明確である。
- 外部に委託するべきことが明確である。
- 行動計画がスケジュールに落とし込まれている。
- 新しい知識を常に収集していて、実際に検証している。
- IT化やWeb・SNSに対して積極的にチャレンジしている。
- ひとり社長の未来にしっかりと投資をしている。

## 設計図

「設計図」とは、ひとり社長の会社の売上をつくり出す事業計画のことです。本書では設計図といいます。

よくある販売計画は、「何の商品を」「どれくらいの価格で」「どのような手段で」販売するのかの予定をまとめた計画ですが、これでは、おおざっぱすぎて、思うような結果を出すことはできません。

実際、ひとり社長の多くが販売計画を持っているのに、売上目標を達成できていないのです。

売上をつくり出す設計図は、自社商品、市場、競合の分析を行い、どのターゲットに、どんな魅力を、何を使って伝えるのかを深く考えることが大事です。そして、売上目標を達成するのに、集客からセールスまで、必要な行動を、いつまでに何回、行えばいいのかのすべてを具体化することも必要でしょう。

建築設計図通りに作業をしていけば家を建てることができるように、売上をつくり出す設計図通りに行動をしていけば、売上目標を達成できるのです。

## サポート体制

「サポート体制」とは、まるで、1つの組織のように、ひとり社長の業務に協力してくれる人たちの集まりです。

営業代行やWebサイトの制作などを引き受けてくれる外注業者、フリーランスや在宅などで引き受けてくれる外部パートナーなど必要な協力者がいて、その全体の指揮を社長が取れば、それは、組織のように働いてくれるのです。

社長でなくてもできる業務を外注先やパートナーに依頼すれば、より収益につながる業務に時間を投資できるようになります。それに、ひとり社長の会社では受けられない規模の依頼も受けることができるようになります。サポート体制は、ひとり社長の会社の可能性を広げてくれるのです。

## 時間割

「時間割」は、業務のタイムスケジュールやタイムテーブルのことです。

自己管理は時間管理と言いますが、出勤時間から売上目標を達成するために必要な行動まで、いつ、何をするのかをすべてスケジュールに落とし込みます。そうすることで、ペースの乱れや時間のロスを防ぎ、今やるべきことに集中できるようになるので、仕事の効率が高まります。

### システムの活用

そして、「システムの活用」とは、ネット上の便利なシステムやＡＩなどを導入することです。無料、有料を含め、今は便利で費用対効果の高いシステムがたくさん存在しています。それらを導入すれば時間の削減とストレスの軽減ができますし、データを基にすれば、客観的で適切な判断ができるようになるのです。

## 8　儲かる会社をつくる上での留意点

### ひとりでできることには限界があるからこそ

ひとり社長は利益率が高いですし、場合によっては「売上＝利益」のような、収益構造を構築することも可能で、それほど大きな売上でなくても儲かる状態にすることもできます。とはいえ、リスクは少ないものの、組織のある会社と比べると、ひとりでできることには限界がありますので、実際にひとり社長に取り組んでみた方は難しさも感じるようになるでしょう。

私自身、この10年間を振り返っても、よく儲けた時期も、かなり厳しい時期もありました。よく儲けたと言っても、売上の上限は低く、仮に利益が出たとしても、決算時には、現金を置いておきたい気持ちはあるものの、法人税をたくさん払うくらいならと、即時償却できるものを買ったり、交際費を使ったりしました。結局、現金を手元に残せず、翌期を迎え、売上が上手くあがらなければ、厳しい状態になり、低いレベルでの、浮いたり沈んだりを繰り返していたのです。

## 「集客の仕組み」と「ソフトウェア」に投資を

もし、あなたが同じような状況だとしたら、まず「集客の仕組み」と自身の業務の生産性を向上させる「ソフトウェア」の2つに投資をすることをおすすめします。

以前の私は、決算前に節税し、手元資金が薄くなっていたため、売上を上げるための集客に十分な投資できず、売上が上がりませんでした。この負のループから抜け出すために、同じ決算前にお金を使うなら、「集客の仕組み」や「生産性の向上を図るソフトウェア」、「将来の新しいビジネスモデル構築」に投資するなど、お金の使い方を変えることで、展開は大きく変わっていきます。

もし、今、厳しい状況にあるとしても、少しずつビジネスモデルを見直し、生産性を高めて、売上の上限を引き上げていけば、誰だって儲かる会社をつくることは必ずできるのです。

# 第2章　儲かる会社の設計図（事業計画）のつくり方

## 1 木（戦術）を見て森（戦略）も見る

### 設計図の戦略を持つ

売上をつくり出そうと思ったとき、多くの人が最初に注力するのが集客です。

なぜなら、新規顧客さえ増えれば、売上を伸ばすことができると考えているからです。その証拠に、集客をテーマにした書籍やセミナーは、いつの時代も人気です。

しかし、考えてみてください。

集客方法を知り、多くの見込み顧客を集められたとしても、契約率が悪ければ、当然のことですが、売上を伸ばすことはできません。

実際、ホームページのアクセス数やＳＮＳのフォロワーが多いのに、売上が少ない会社はたくさんあります。木を見て森を見ず……というコトワザがありますが、集客という木の部分だけを強化してもダメなのです。

大切なのは、木も森も両方見ることです。

ビジネスにおける森とは、売上をつくり出すための戦略。木は、その戦略の目的を達成するための戦術です。

戦略はいいけど戦術はダメでは結果は出せませんし、戦術はいいけど戦略がないでも、結果を出すことはできません。言われてみれば当然のことなのですが、方法論である戦術を強化することばかりにフォーカスして、方法論ばかりを学んでいるひとり社長は驚くほど多いのです。これでは、勝てる勝負にも勝つことができません。

ひとり社長の会社は、利益率が高い、損益分岐点が低い、リスクが少ないなどのメリットがあり、ビジネスが上手くいくと凄く儲かります。ただ、その一方で、ひとりで全部をこなさないといけないので時間が不足しがちで、受注量が限られてしまうので、浮き沈みが激しくなりやすいというリスクもあります。

このリスクを回避して、安定的な成長をさせていくには、売上をつくり出す設計図という戦略と、それを実行するマーケティングの知識の両方を持つべきなのです。

# 2　儲かる仕組みのつくり方

## 売上目標を強める

売上をつくり出す設計図などと聞くと、難しいことのように感じられているかもしれませんが、そうではありません。

私たちは普段、何かを行うときに逆算をして考えています。

例えば、アポイントが入れば、約束の時間にその場所に到着するには、移動時間にかかる時間を計算し、何時に会社を出るのかを逆算して決めます。

他にも、商品の注文があれば、納期に間に合わせるには、いつまでにどんな段取りや作業をする必要があるのかなどを逆算して考えているはずです。

このように普段やっていることと同じように考えていけば、売上をつくり出す設計図をつくることができるのです。

例えば、1月の売上目標が1000万円で、商品の販売価格が100万円なら、10件契約を決めれば目標達成ができます。

この10件の契約を取るには何人にクロージングをする必要があり、そのクロージング人数を集めるには、何件の商談をする必要があり、それだけ商談のアポイントを取るには、どれくらいの見込顧客が必要なのか。そうやって売上目標を達成するために必要な数字を逆算していけば、設計図の骨格ができます。

後は、その定量化された行動を実行可能な工程に調整すれば、売上を伸ばす設計図の完成です。

このように、売上をつくり出す設計図は、目標を達成するまでに必要なプロセスを明確化したものなので、本書では「セールスロードマップ」（営業工程表）と呼ばせていただきます。

【図表３　現状と目標のギャップ】

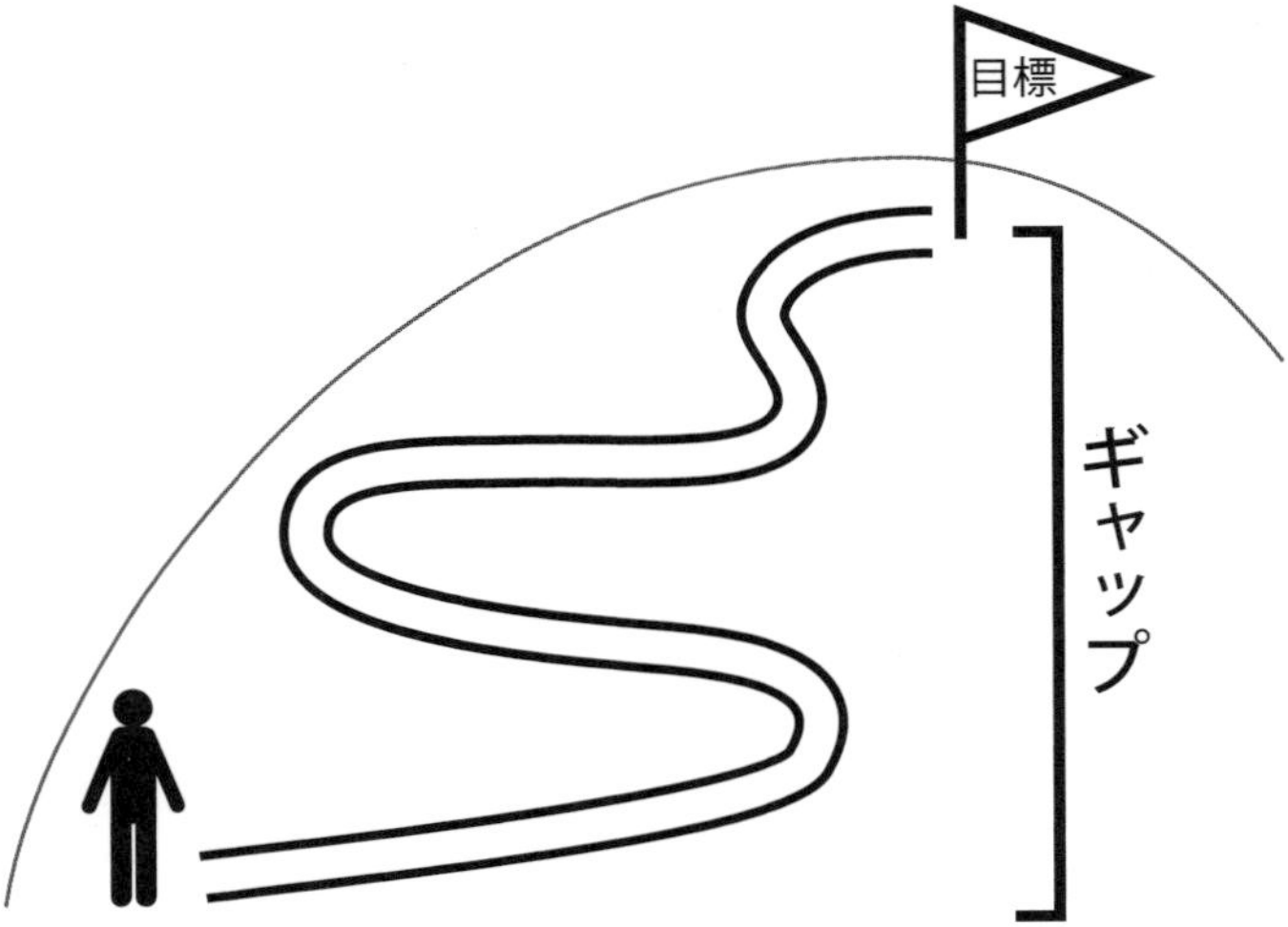


【図表４　プロセス設計図をつくる】

1. 売上目標を決める

↓

2. プロセスを定量的な行動に置き換える

↓

3. 各プロセスの所要時間を明確化する

↓

4. 実務的に実行可能な工程に調整する

## 3　セールスロードマップ（営業工程表）をつくるステップ

### 売上目標を決める

では、セールスロードマップ（営業工程表）を作成していきましょう。

セールスロードマップづくりは、売上目標を決めるところから始まります。

売上目標は、数年先といった遠い未来の目標ではなく、数か月後の1か月間の売上目標を設定します。そして、ポイントは、自分自身が稼ぎたい月収から考えて計算してもいいでしょう。現実的に達成可能な数字を設定することです。

長期的で大きすぎる目標にすると、数か月後に目標を達成できていなくても、「まだ、期間はあるし」「もう少し力がつけば売れるようになっていくだろう」と考え、どうしても進捗の確認や検証が甘くなってしまいます。

それに、現在、月商300万円だけど、10年後には月商2000万円にするという目標と、3か月後には月商350万円にする……という目標だと、後者のほうが、集中して取り組むことができ、検証がしやすいので改善点も見つけやすいのです。

売上目標が決まったら、その目標をセールスロードマップに記入してください。

## 商品を絞り込むことでチャンスが広がる

次に、より具体的なセールスロードマップにするために、販売する商品を決めます。

もし、複数の商品を取り扱っているのであれば、最初にセールスロードマップをつくる際は、すでにその商品を販売するノウハウを持っている売れ筋の商品を選定するのがおすすめです。戦術の精度が高いのであれば、セールスロードマップという戦略を持つことで、更に売上を増やすことは難しくないからです。

もし、多数の商品を取り扱っていて、１つの商品に絞り込むことが難しければ、カテゴリーで絞り込むようにしましょう。

例えば、物販で、化粧品、サプリメント、健康器具などを幅広く取り扱っているのであれば、化粧品に絞ります。デザイン事務所で、名刺やフライヤー、パンフレットのデザインから、ロゴマーク、ホームページの作成まで行っているなら、ホームページの作成に集中します。このように、カテゴリーで絞り込むのです。もちろん、この際も一番売上のいいカテゴリーを選ぶようにしてください。

ひとり社長の会社は、時間もコストも限られています。そういった時間やコストといった資源を最大限に活かすには、資源を分散させるのではなく、集中させること。あれもこれもやっていると、いつまでたっても上手くはいきません。

子どもの頃、日光を虫眼鏡で集めて紙を焦がす実験をした経験は多くの人が持っているものです

【図表５　売上目標を定める】

売上目標　¥＿＿＿＿＿＿＿

＝

販売単価　¥＿＿＿＿＿＿＿

×

成約率　＿＿＿＿＿＿件

目標達成月

＿＿＿＿年＿＿月

が、冬の太陽の光でも、虫眼鏡で一点に集中させれば、分厚い画用紙でも黒く焦がすことができます。

１つの商品、もしくは、１つのカテゴリーの商品群に絞り、そこに資源を集中していくことで、突破口を開きやすくなるのです。

販売する商品が決まったら、売上目標の横に、「販売単価」と「成約数」を書き出します。

例えば、１か月の目標が１０００万円で、１００万円の商品を販売するのであれば、成約数は10件、販売単価は１００万円となるわけです。

商品をカテゴリーで絞り込んだ場合は、そのカテゴリーの平均的な顧客単価を、販売価格のところに書き出すようにしてください。

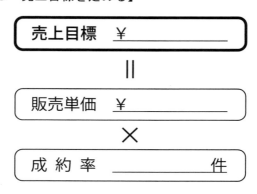

# 4　プロセスを定量的な行動に置き換える

## 行動を数値化する

次に、売上目標からプロセスを逆算して、行動を数値化していきます。

例えば、ホームページ、ネット広告、テレアポで見込顧客を獲得し、その後、アポイントを取って商談。後日、見積書をお送りして、再訪問をしてクロージングして成約というプロセスで売上をつくり出しているのであれば、そのプロセスを逆算して考えていきます。

１０００万円の売上目標を１００万円の商品を販売することで達成するのなら、月の契約数は10件。では、10件の成約を取るのに、何件のクロージングの商談が必要で、そのクロージングの商談を行うには、何件の見積書提出が必要なのか。そして、その数の見積書を提出するには、商談のアポイントが何件必要なのか……という具合に逆算することで、必要な行動を数値化するのです。

見込客の獲得、商談のアポイント、見積書の提出、クロージングといったプロセスの各段階で顧客は離脱していきます。

例えば、10人の見込顧客を獲得したからといって、10件のアポイントを取ることはできませんし、見積書を10件提出したからと言って、すべての契約が決まるわけでないのです。ですから、行動数

【図表6　売上目標を定める】

| | | |
|---|---|---|
| ●売上目標÷成約単価 | ＝ | 成約数 |
| ●成約数÷成約率 | ＝ | 見積書提出数 |
| ●見積書提出数÷見積書提出率 | ＝ | 商談数 |
| ●商談数 | ＝ | ウェブ問い合わせ数＋広告問い合わせ数＋テレアポ反応数 |
| ●ウェブ問合せ数÷反響率 | ＝ | 広告出稿量 |
| ●広告問合せ数÷反響率 | ＝ | 広告掲出量 |
| ●テレアポ反応数÷アポ率 | ＝ | テレアポコール数 |

を洗い出す際には、この離脱を考慮して必要な行動量を算出していきます（図表6）。

例えば、売上目標が月商1000万円で、成約単価が100万円なら、10件の成約が必要です（1000万円÷100万円＝10件の成約）。

10件の成約を取るのに成約率が33％なら、30件の見積書を提出する必要があります（10÷33％＝30件の見積）。

そして、30件の見積書を提出するのに見積書提出率が33％だとしたら、90件の商談が必要になるわけです（30÷33％＝90件の商談）。

この90件の商談をするための見込顧客を、ウェブからの問い合わせ、広告からの問い合わせ、テレアポで獲得をしているなら、「商談数＝ウェブ問い合わせ数＋広告問い合わせ数＋テレアポ反応数」です。

ウェブからの問い合わせ数と反応率の商が広告掲出量（ウェブ問い合わせ数÷反響率＝広告出稿量）、広告からの問い合わせ数と反応率の商が広告掲出量（広告問い合わせ数÷反響率＝広告掲出量）、そして、アポイント反応数とアポ率の商がテレアポコール数（テレアポ反応数÷アポ率＝テレアポコール数）になるので、それぞれを計算すれば行動量が出てきます。

こうして目標から逆算しながら、それぞれのプロセスで必要な行動を定量化するのです。

行動を定量化すると、何をどれだけすれば目標を達成できるのかが明確になるので、売上を伸ばすために何をしようかと悩むこともなくなるというメリットもあります。

プロセスのそれぞれの段階の確率が何パーセントなのか、ハッキリはわからないという人もいらっしゃると思います。理想は、これまでのデータを基に正確な確率を算出することですが、最初は、これまでの感覚値で計算しても問題ありません。

例えば、「３件商談をすれば、１件は見積書提出までつながる」などの感覚は持っていると思いますので、その感覚のままの数字で計算すればいいのです。正しい確率は、今後、きちんとデータを取って算出すれば問題ありません。

## 既存のモデルをベースにする

世の中には、様々な職種やビジネスモデルがあり、それぞれ集客から成約までのプロセスは違っています。

例えば、飲食店のように来店してもらえば、そのままダイレクトに注文につながる職種もあれば、エステティックサロンのように、割引付きの広告で体験コースを受ける見込顧客を集客し、来店後に施術をしながら話をして個別相談に持ち込み、本コースの契約をするというようなプロセスを経て成約につなげるビジネスモデルもあります。

どんな流れで成約をしているにしても、そこには必ず一定のプロセスがあるので、最初にセールスロードマップをつくる際は、現在、自社で行っているプロセスをベースに各ステップごとの行動を定量化していきましょう。

もしかしたら、「うちは紹介で顧客を獲得しているので、当てはまらない」という人もいるかもしれません。しかし、そのような場合でも、セールスロードマップをつくることは可能です。

これまで、どんな人やどんな職種の人と、どのような関係を構築したら紹介が起こっているのかを振り返り、そのプロセスをステップに分ければいいのです。

そうすれば、異業種交流会に何度参加し、名刺交換をどれだけして、その後、関係をつくるためにどんな行動を、どれだけすればいいのかという、紹介が起こるまでの行動を定量化することができます。

紹介だけでやっているというひとり社長の多くが、複数の異業種交流会に参加し、意気投合したという理由で、照会につながる可能性が低い人と食事に行ったり、ゴルフをしたりするのに多くの時間と費用を使っています。

それでも、それを続けてしまうのは、たまに紹介が出るからです。でも、そのような偶然に頼った働き方では効率が悪すぎます。セールスロードマップを持つことで、異業種交流会だって、費用対効果に見合う有効な集客方法にすることができるのです。

## 5　各プロセスの所要時間を明確化する

### 目標からの逆算を行うときに忘れてはいけないのが「時間」

さて、ここまで、読み進めてきて、こんなことが頭をよぎっているのではないでしょうか？

「目標から逆算して、必要な行動量を洗い出すなんて、これまで何度か聞いたことがある方法だ」と。

私のセミナーでも、参加者から同じ意見をいただくことがあるので、その気持ちはよくわかります。でも、方法は知っていても、実際に実行はできていないのではないでしょうか。

目標から逆算して必要な行動を定量化する方法は、シンプルですがとても効果的な方法です。でも、実はある要素を考慮しないと実行することができないのです。

その要素とは、「時間」です。

例えば、1000万円の売上目標を達成するには、100万円の契約を10本取る必要があり、そこから逆算をして、必要な行動量を洗い出したとします。

10件の契約を取るのに、成約率が33%なら30件のクロージングの商談が必要でしょう。そして、見積書提出からクロージングに商談つながる確率が33%なら、90件の営業の商談をする必要があります。

・1000万円＝100万円×10件の成約
・10件の成約÷成約率33%＝30件のクロージング商談
・30件のクロージング商談÷見積書提出率33%＝90件の営業の商談

こうやって、売上目標達成のための行動量を洗い出したとしても、多くの場合、そのままでは実行することができません。

一例を挙げると、商談の時間は顧客によって異なるでしょうが、1日に消化できる商談がマックス4件だとすると、90件の営業の商談をするのに必要な時間は22・5日となります（商談数÷商談件数/日＝必要日数）。

休みなく働いたとしても1か月間に働けるのは30日間ですが、商談をするだけで、約23日もの時間が取られるとしたら、売上目標の達成のために必要な行動のすべてを消化することができません。

というのも、他にも、その商談を取るためのテレアポや、問い合わせにメールの返信する時間、見積書をつくる時間や、税理士との打ち合わせなど、他にもやらなければいけない業務はたくさんあるからです。

このように、必要な行動量を洗い出したとしても、その行動をこなすための時間を考慮しておかないと実行できないのです。

これが、目標から逆算して行動量を洗い出す方法が有効だと知っていても、多くの人が実行できない理由です。

会社の持っている時間は、「人数×労働時間×出勤日数」で決まります。

社長を入れて社員数が50人の会社で、労働時間が8時間、出勤日数が20日なら、その会社が持っている時間は、１か月あたり「50人×8時間×20日＝８０００時間」です。これくらいの時間があれば、かなりの行動量を消化することができますね。

でも、ひとり社長の場合、同じ労働時間と出勤日数なら、会社が持っている時間は「１人×８時間×20日＝１６０時間」しかありません。

所有している時間が圧倒的に少ないため、ひとり社長は慢性的に時間不足になりやすいのです。

それだけに、ひとり社長の会社でセールスロードマップをつくるには、組織のある会社に比べて、シビアに時間を考慮して、実行可能な工程に調整する必要があるのです。

## 6　実務的に実行可能な工程に調整する

売上目標から行動量を洗い出したら、それぞれの行動を行うための所要時間を算出します。

例えば、クロージングの商談1件、営業の商談1件、テレアポ1件を行うのに、1件あたり時間はどれだけかかり、その行動はどれくらい量が必要なのか、2つの積がその行動に必要な所要時間になります。

・必要時間×行動量＝行動の所要時間

各プロセスに必要な所要時間を算出して、それが1か月の営業時間内に消化できるかどうかを検討しましょう。

もし、営業時間内には消化できなければ、実行可能な工程に調整していきます。

**調整方法①所要時間を短縮することはできないだろうか？**

商談やテレアポなど、プロセスで行うための時間を短縮することはできないでしょうか。

例えば、資料を充実させることで、商談のトーク時間を短くできるかもしれません。テレアポトークを改善すれば、テレアポの時間を短くすることができるかもしれません。

このように、各プロセスの手段や方法を検討し、時間を短縮できないかを考えます。

## 調整方法②委託することはできないだろうか？

世の中には、テレアポ代行や営業代行など、様々な業務を受託してくれるサービスがあります。そういったところに、各プロセスの一部や全部を委託することを検討します。

外注できる業種は多く、ネットで検索すれば簡単に探すことができます。費用対効果に見合うようであれば、委託をすることで大幅に時間を短縮することができます。

代行業者でなくても、同じターゲット層を顧客にしている会社と組むことで、実質的な委託をすることもできます。

例えば、企業向けのシステムやサービスを取り扱っているのであれば、ＯＡ機器を取り扱っている企業と提携し、定期メンテナンスに伺う際に、自社のフライヤーを配ってもらうなどです。

そこから発注があった際にキャッシュバックをする形にすれば、費用対効果のよい有効な集客方法になります。

## 調整方法③他の業務の時短をすることはできないだろうか？

セールスロードマップ（営業工程表）の各プロセスで必要な行動以外に、見積作成から領収書の整理まで、こなさなければいけない業務や作業はたくさんあります。

システムを導入したり、外部に委託することで、それらの業務や作業にかかる時間を短縮できれば、各プロセスにかける時間を増やすことができます。

そのためには、すべての業務や作業を棚卸し、業務ごとに費やしている時間を算出して、システム導入や外部に依頼することで短縮できるものがないかを考えます。

無駄な時間を削減していく他に、確率を高めることでも時間の削減ができます。例えば、成約率が33%なら、10件の契約を取るのに30件のクロージングの商談をする必要がありますが、成約率を50%にすることができれば、20件の商談で売上目標を達成することができます。

これは、各プロセスの無駄な時間を調整するより、かなり大幅に時間削減をすることができる有効な方法です。

しかし、最初にセールスロードマップをつくる時点では、確率を高めることを考える必要はありません。確率を高めていくのは、セールスロードマップの完成後です。その方法については、本書の後半部分で説明させていただきますので、この段階では、時間の調整方法を参考に実務的に実行可能な工程に調整することに挑戦してみてください。

もし、時間調整をしても、目標達成に必要な行動量が労働時間内に収まらないようであれば、目標を見直す必要があります。

当然、売上目標は下げることになりますが、それよりも、まずは現実可能な目標を達成するためのセールスロードマップをつくり、確実に結果を出しましょう。そのほうが、大きな目標を達成するよりも重要です。

今より大きな売上目標を達成する中で、新たな経験や知識が増えれば、時間の調整や確率を高めることもできるようになります。そうやって、より完成度の高いセールスロードマップをつくれるようになっていけばいいのです。

売上目標を決め、その目標を達成するために必要な行動を定量化し、定量化した行動を実行するのに必要な時間を計算してください。それを、１か月の間に実行可能な工程に調整すれば、セールスロードマップは完成です。

## 7　セールスロードマップの有効性

セールスロードマップは、個人の売上達成から、組織の売上達成まで、多くの実績があります。

セールスロードマップの有効性を知っていただくために、宮崎県で太陽光発電やエコキュートなどを販売している企業で、営業課長をしているＡさんの事例を紹介させていただきます。

Ａさんは、入社して10年。営業畑のたたき上げで、現在は部下を数人持つ営業課長。しかし、近年スランプで売上が低迷し悩んでおられました。当時のAさんの月商は300万円弱で、仕入金額や工事のコストを考えると、決して充分な売上とは言えない数字です。

私は、まず、営業課長にセールスロードマップのつくり方や考え方をお伝えしたところ、Aさんは、6か月後に720万円の売上目標を設定されました。

6か月で倍以上の売上目標は少しハードルが高いなと感じましたが、本人が自ら立てた目標でしたので、きっと達成できると信じてサポートをさせていただくことにしました。

1か月目。セールスロードマップ通りに必要な行動を消化していくと、調子のいいスタートダッシュが切れました。「もしかしたら、今月で目標達成してしまうのでは？」と思うほどクロージングの数が増えたのです。

しかし、クロージングで仮契約した顧客の中に、補助金で費用の一部の支払いを考えていた人が一部いたのですが、すべての人に補助金が出るわけではないので、結果は目標未達で終わりました。

2か月目。補助金の期間が終了したので、なかなか厳しい出だしになりました。Webサイトからの問い合わせも目に見えて少なくなり、営業に行く先も少ない状況でした。

しかし、営業は外部要因のせいで売上が上がらないという言い訳は一切通用しません。OB顧客に連絡してご紹介をお願いしたり、以前に失注した方に連絡を入れて、再度ご提案させてもらったり、営業で訪問したお宅の周辺にチラシを配ってみたりと、とにかく考えられる限りの見込顧客の獲得のための行動をしてもらいましたが、残念ながら目標未達で終わりました。

## Ａさんの処方箋

そのタイミングで、この会社の社長から相談がありました。

月に1回の私とのミーティングの直後はいいのですが、Ａさんのやる気が1週間くらいで切れてしまっているようなのだけど、何か対応策はないだろうか？　と言うものです。

もちろん本人はそんな意識はなかったでしょうが、周りにはそんな風に見えていたようです。

やる気が1週間くらいで切れてしまう原因は、「現状維持バイアス」だと私は考えました。

現状維持バイアスとは、新しいことを避けて元の状態に戻ろうとする、危険を回避する本能のようなものです。そこで、毎朝の習慣を少し変えることをＡさんに提案したところ、Ａさんは現状維持バイアスを克服し、モチベーションを維持することができるようになりました。

また、太陽光発電の問い合わせが減ってきていたので、エコキュートの販売台数を増やして目標達成する計画にしたのです。平均の成約単価が下がったので、目標契約件数は増え、行動の量も増えることになったのですが、Ａさんは、順調に数字を伸ばしていきました。

３か月目からは、セールスロードマップにある各段階の確率を高めるために、セールストークの改善などを行っていった結果、６か月後には、当初の目標を大きく上回った月商９８０万円を達成しました。そして、その後もコンスタントに、720万円の売上を上げ続けています。

このようにセールスロードマップを持つことで、いつまでに何をやればいいのかが明確になりますし、進捗とその結果を検証できるようになりますので、様々な改善がしやすくなります。

ここで、ご紹介したAさんの例だけでなく、多くの方がこのセールスロードマップを作成し、実践することで大きな成果を上げられています。業種で言いますと、広告代理店、ポスティング会社、IT・通信の営業会社、保険代理店、ヨガ教室、整骨院、エステティックサロンなどなど、幅広い業種で、成果を出されています。

中には、年商5000万円規模だった会社が、1年で年商5億円規模に成長した例もあります。

これは、シンプルに売上目標から、売上が上がるプロセスを明確にし、それぞれのプロセスで、やるべき行動の量を明確にして、実際に行動した結果にすぎないと思います。

ですので、このセールスロードマップは、どんな業種やビジネスにも活用することが可能なのです。

「思考は現実化する」というフレーズをよく耳にしますが、私は、「思考は、行動をすることで、現実化する」だと思っています。思考しただけで現実化する訳ではなく、目標達成に必要な行動を起こしてこそ、売上目標は達成するのです。

そして、次の成功事例を出すのは、あなたなのです。

# 第3章　儲かる会社の設計図の精度を高める

# 1　結果は行動の量で決まる

## 結果が出ない最大の理由

セールスロードマップをつくり、その通りにやれば、売上は上がります。もし、売上目標達成ができなかったとしても、売上が増えたり、ビジネスが動き出している確実な手ごたえは感じることができるはずです。

セールスロードマップをつくったのに、結果が出ない最大の理由は「行動の未消化」。つまり、目標達成のために必要な行動量を実践しきれていないというものです。

売上と各プロセスの行動量の関係は、工場のベルトコンベアーをイメージするとわかりやすいと思います。

ある製品を組み立てるのに、ベルトコンベアー上で4つの工程が必要だったとします。工程1で部品Aを取り付け、肯定2で部品Bを取り付け、工程3でカバーを取り付け、工程4でネジを締めることで製品が完成するといった具合にです。

このベルトコンベアーに、毎分、10個の組み立て途中の製品が流れてくるとして、それぞれの工程が1分間の間に10個ずつ作業をこなせば、毎分10個の製品が完成します。

しかし、もし、工程3だけが5つしか作業をこなすことができなければ、1分間の生産数は5個になってしまいます。つまり、工場の生産数は、最も作業が少なかった工程とイコールになるのです。

## 行動の未消化をあぶり出す

これと同じように、セールスロードマップでも、各プロセスで必要な行動の達成率が最も低いところが、売上とイコールになります。

例えば、「テレアポ→営業の商談→見積書提出→クロージングの商談」というプロセスで、10件の成約を取るのに、テレアポは7000件、営業の商談は90件、見積書提出が30件、クロージングの商談が30件の行動が必要だったとします。

わかりやすいように、少し計算をしてみましょう。

テレアポの7000件は消化できたけど、営業の商談が60件しか消化できなかったとしたら、商談の行動達成率は66％です。

次のプロセスに進んでいく確率をそれぞれ33％だとするなら、営業の商談が60件なので見積書提出が19・8件、クロージングの商談が約6・534件ですから、10件の売上目標に対する達成率は65・34％。商談の行動達成率（66％）とほぼ同じ数字になります。

ですから、売上目標を達成するのに必要な行動を算出したら、それをとにかく消化していくことが大事です。セールスロードマップをつくり、行動をしていくと、「もっと効率のいい方法はないのだろうか」という気持ちが湧いてくることもあると思いますが、まずは、質を高めるより量をこなしていくことに全力を傾けるべきなのです。

セールスロードマップで立てた計画の行動の未消化がないように「トランザクションパイプライン」で管理を行いましょう。トランザクションパイプラインとは、見込顧客を顧客へと転換していく中でたどる段階的なプロセスを視覚化したフレームワークです。

セールスロードマップを基に、必要な各プロセスを書き出し、それぞれのプロセスの行動達成率を書き出しながら、必要な行動をきちんと消化できているかどうかの進捗を管理していくのです。

## 2　トランザクションパイプラインの量的ボトルネック

### 行動の達成率が100％に達成しないとき

売上目標を達成に必要な行動量を洗い出し、1か月の労働時間を考慮して調整したトランザクション（取引）パイプラインをつくっても、すべての行動を消化できないことは、まま起こります。

行動の達成率が100％に達していないところのことを、トランザクション（取引）パイプラインの「量的ボトルネック」といいます。

## 【図表7　取引パイプライン】

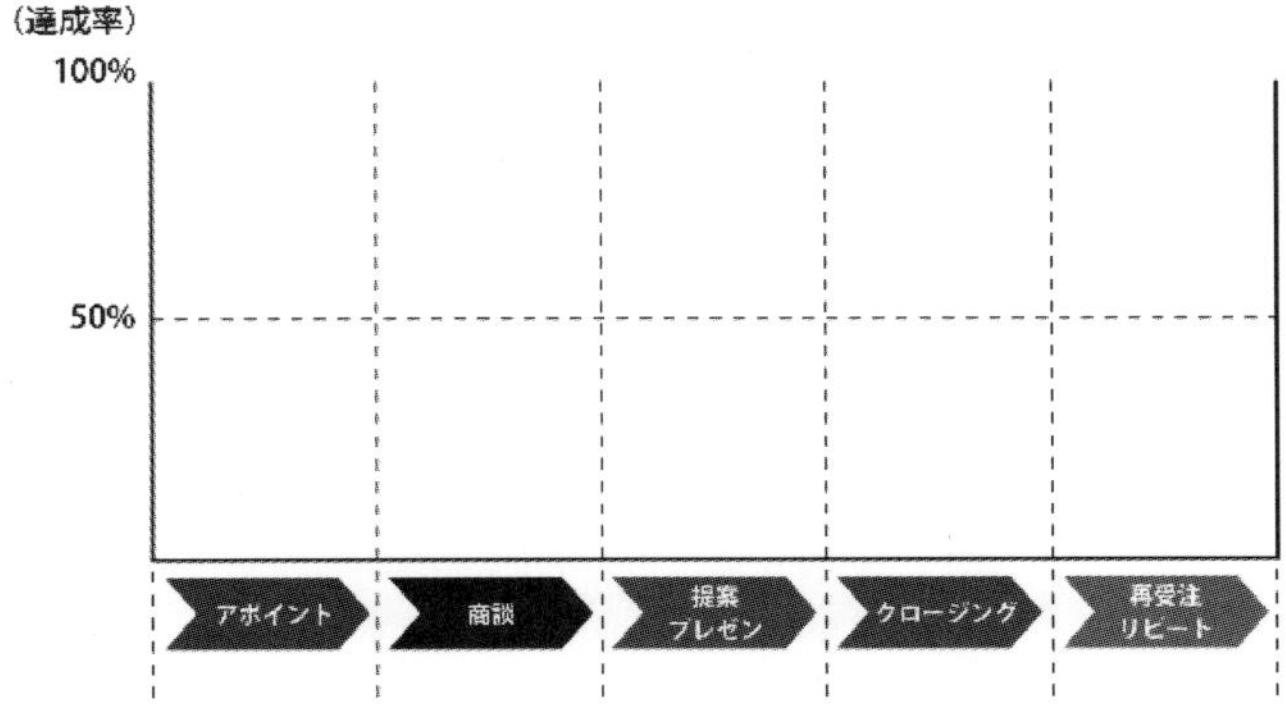


## 【図表8　取引パイプライン②】

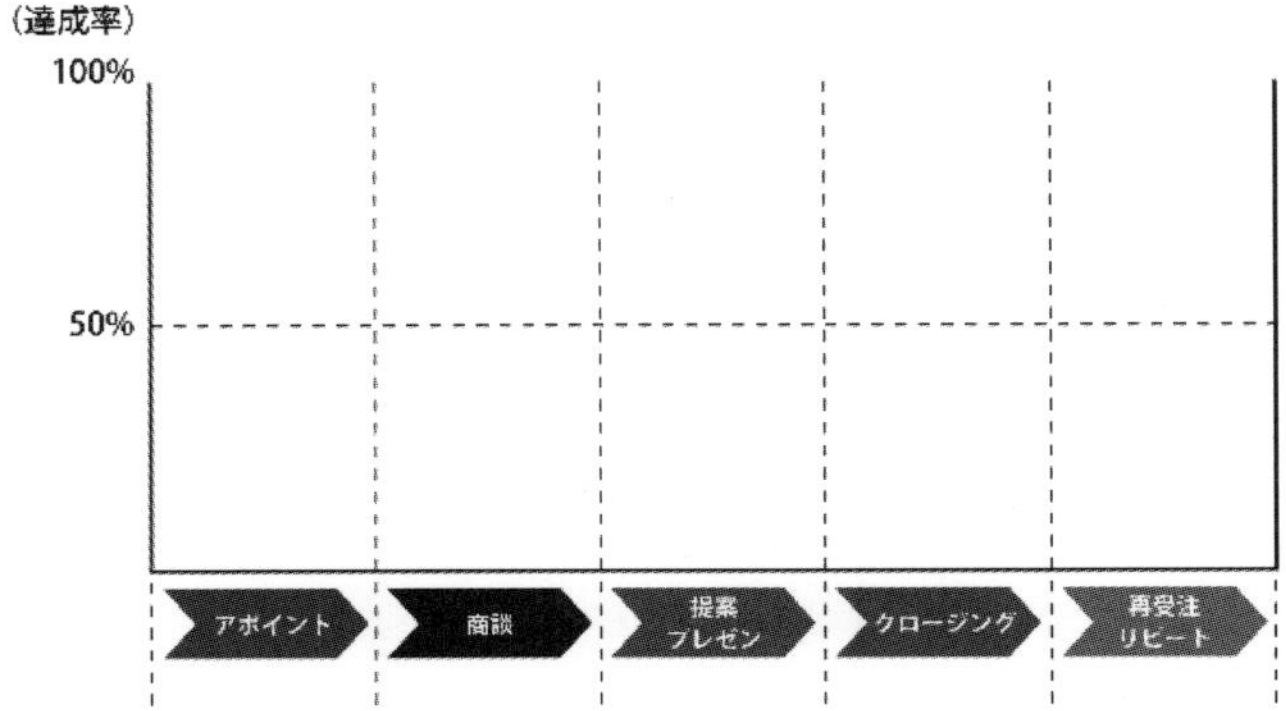

量的ボトルネックを解消するのに有効なのが、必要な行動量を計算し、タイムスケジュールに落とし込むことです。

例えば、9時から10時は問い合わせに対するメールの返信、10時から12時まではテレアポ、13時からは商談。そして、17時からは見積書の作成といった具合に、必要な行動を1日スケジュールの中に落とし込むのです。

もちろん、各プロセスに必要な時間を考慮してスケジュールを組むようにします。1か月の間に、何件のテレアポをする必要があり、その件数をこなすには、どれだけの時間が必要になるのかを計算し、それを1月の労働日数で割れば、どれだけの作業時間をスケジュールの中に入れればいいのかは算出できます。

タイムスケジュールに落とし込むことは、非常にシンプルな方法ですが、様々な効果があります。

## タイムスケジュールで自己管理が簡単に

1つは、自己管理がしやすくなること。

人間の脳は、快を求め、不快を避けようとする性質を持っています。そのため、売上目標を達成するために必要な行動の中に、苦手意識があるものがあると、その行動より自分が得意なものに無意識のうちに多くの時間を取ってしまうのです。

例えば、テレアポに苦手意識を持っている人は、テレアポより異業種交流会に参加することを優先してしまったり、クロージングに苦手意識がある人は、クロージングの商談を取るための連絡より、お問い合わせに対する返信メールを優先するといった具合にです。

快を求め、不快を避けようとするのは脳の性質なので、これをコントロールするには本来、強い精神力や高い自己管理能力が必要になります。でも、そんなものがなくても、タイムスケジュールがあれば、簡単にコントロールすることができます。

マネジメントでは、よく「時間管理は自己管理」と言いますが、決められた時間に、決めたプロセス行動だけを行うようにすれば、快不快で行動にむらが出ることはなくなり、行動の未消化をなくしていくことができます。

## 進捗管理や改善点の改善がしやすくなる

また、タイムスケジュールに落とし込めば、各プロセスの進捗管理や改善点の発見がしやすくなります。

例えば、テレアポ1件にかける時間が1分だとして、2時間で実際にかけた件数が80件なら、行動の消化に40件の遅れが生じていることをすぐに把握できます。

その遅れが生じた理由は、どこかにロスタイムがあったから。その日の行動を振り返れば、テレアポトークが長くなっていたとか、雑談が多かったとか、気分転換のための時間を取りすぎたからなど、その原因をすぐに見つけることができます。そして、原因がわかれば改善するのも難しくありません。

それに、タイムスケジュールをつくることで、ひとり社長が陥りやすい、いつの間にか生産性の悪いペースに陥ることや、主観に囚われて弱点が見えなくなることも防止することができるのです。

## タイムスケジュールの2つのつくり方

タイムスケジュールのつくり方には2つあります。

1つは、1日の中に様々な行動を入れるパターン。何時から何時まで、何をするという形で予定を埋めていく、よく見るスケジュールです。

もう1つが、月曜日はテレアポの日、火曜日は営業の商談の日、水曜日はクロージングの商談の日といった具合に、1週間の曜日で区切り、その日ごとに自分の役割を変えるというスケジュールの組み方です。

1日で区切るのか、曜日で区切るのかは、自分の仕事のリズムにあったほうを選ぶといいでしょう。

長時間1つの行動をするのが苦手で、いろんな行動を細切れに行うのが効率がいいというのなら

1日で区切ればいいでしょう。1つのことにしっかり取り組むほうが、集中できて効率が上がるというのなら、1週間で区切るといった具合に、自分のパフォーマンスが最も高くなるほうでスケジュールをつくるのです（図表9）。

## 3　設計図の質的ボトルネック

### 確率の低いプロセスを改善する

時間の量的ボトルネックを解消し、売上目標を達成するためのすべての行動を消化できるようになったら、次は、セールスロードマップのクオリティを高めていくことに取り組んでいきます。

クオリティを高めるとは、セールスロードマップの精度を高め、さらに高い売上目標を達成できるようにすることです。

そのためにやるべきことは、セールスロードマップの各

【図表9　1日のタイムスケジュールと曜日のスケジュール】

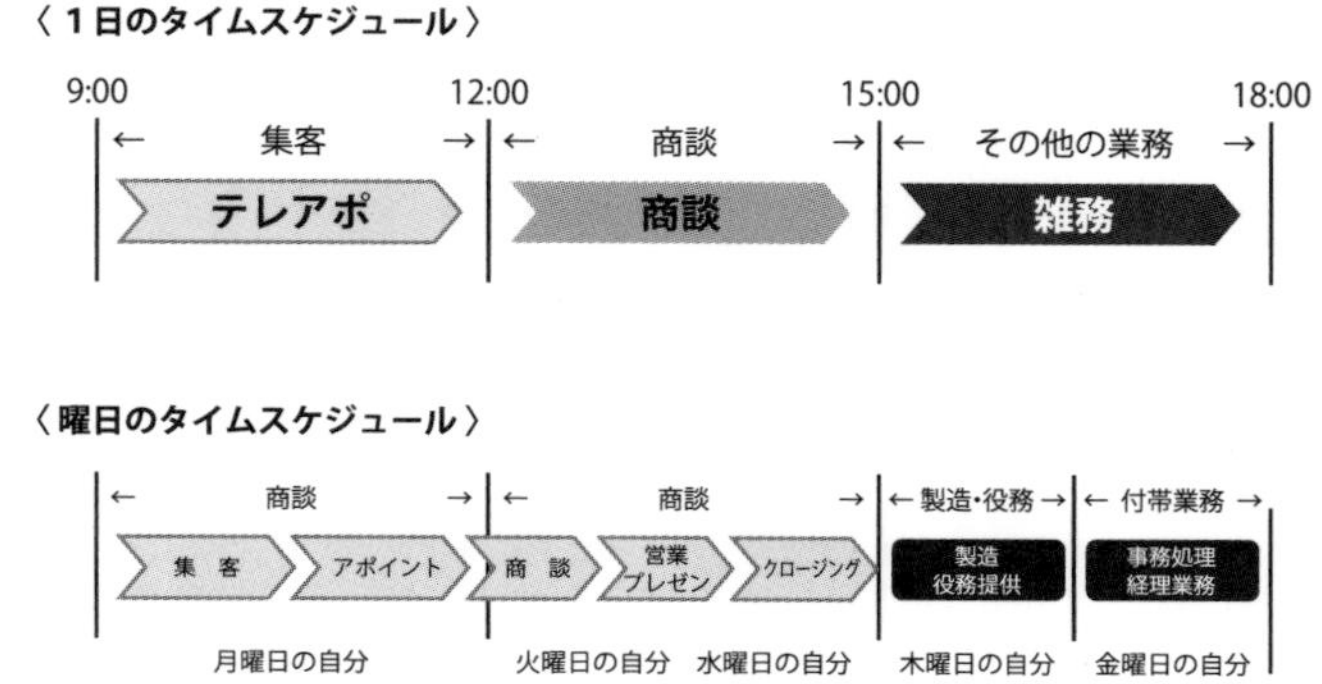

段階で、次のステップに進んでいく確率を高めることです。

例えば、最初のセールスロードマップの各プロセスを次に進んでいく確率が33％だった場合、10件の成約を取るには、クロージングの商談は30件行う必要があります。

この成約率を50％にすれば、同じ30件のクロージングの商談で成約数は15件に増やすことができるのです。これで、行動量は同じでも売上は１・５倍になります。

セールスロードマップのクオリティを高める取組みは、次に進む確率の低いプロセスから手を付けていきます。これは、確率の低いプロセスを改善するほうが、確率の高いプロセスを改善するより簡単で、結果に大きな変化が現れるからです。

この、確率の低いプロセスの部分のことを、セールスロードマップの「質的ボトルネック」と言います。

## 質的ボトルネックの解消法

質的ボトルネックを解消する方法としては、次のようなものがあります。

### 質的ボトルネックの解消方法①顧客にヒアリングする

例えば、成約後に、顧客にクロージングのどの部分に魅力を感じたのかをヒアリングをすれば、顧客のＫＢＦ（キーバイファクター：重要購買決定要因）を知ることができます。

ＫＢＦとは、顧客が商品を購入する際に重視する要因のことです。例えば、自動車を購入する場合、顧客は、走行性、安全性、価格、デザイン、室内空間、装備、燃費、アフターフォロー、企業イメージなど、様々な要素を検討するでしょうが、その中で購買の決め手になっている要因がＫＢＦなのです。

ＫＢＦは1つひとつと言うわけでなく、いくつかあるのが一般的です。

ＫＢＦは、重要購買決定要因という名の通り、本来は購入する際に重要視する要素ですが、各プロセスで次に進んでいくＫＢＦもあります。例えば､テレアポトークのどこかが刺さったから､会って詳しい話を聞いてみたいと思ったわけです。それを、営業の商談の際に雑談としてヒアリングするのです。

そうすれば、テレアポトークをどのように強化すれば、営業の商談につなげる確率を高めることができるのかを知ることができます。

**質的ボトルネックの解消方法②上手く行っている人から学ぶ**

同業種、異業種を問わず、似たプロセスで売上を伸ばしている人を真似ることで質的ボトルネックを解消することができます。

例えば、フロントセミナーから成約をするセールスロードマップであれば、同じようなプロセスで成約率の高いフロントセミナーに参加をしてみます。クーポンサイトで見込客を集客し、お試しコースから本コースにつないでいるエステシャンなら、同じプロセスでたくさんの成約をしているお店にお試しコースを受けに行ってみるといいでしょう。

テレアポトークや商談でも、知合いや異業種交流会などで出会った結果を出している人にお願いをすれば、テレアポトークを教えてもらったり、商談に帯同させてもらうことだって可能です。

人様に教えを乞うことに抵抗感を持つ人もいるかもしれませんが、ひとりで試行錯誤を繰り返すより、すでに上手くいっている人から学ぶほうが早くボトルネックを解消することができるのです。

## 質的ボトルネックの解消方法③ＰＤＣＡを行う

ＰＤＣＡは、ご存じのように、Plan（計画）→Do（実行）→Check（評価）→Action（改善）のサイクルを繰り返し行うことで、継続的に業務の改善を促していく技法です。

質的ボトルネックの解消をするとは、新たな取組みに挑戦をするということ。そして、新しい取組みが最初から読み通り上手く行くことはそれほど多くありません。ですから、ＰＤＣＡが必要になるのです。

ＰＤＣＡで質的ボトルネックを解消するポイントは、小さく実験を行い、上手く行く方法を見つけて行くこと。例えば、テレアポの場合なら、新しいテレアポトークを数日間行い、既存のトークと比較して、確率が高まっているようであれば、そのトークを採用します。もし、確率が悪いようなら別のトークを考えます。

商談で使う資料なら、全部を変更するのではなく、特定の部分を変更し、数日間使って確率を確認します。

科学も同じですが、実験の数が多いほど上手く行く方法を見つけることができる確率は高まります。ですから、負担の少ない小さな実験をたくさん繰り返してＰＤＣＡをすることで、質的ボトルネックを解消していくのです。

# ４　時間のボトルネック

## サポート体制の構築

セールスロードマップのクオリティを高めるもう１つの方法が、時間を生み出すことです。そのためには、サポート体制ともいうべきチームをつくること。集客や業務を協力してくれる人材を持つことで、セールスロードマップを実行する時間をつくり出すことができます。

例えば、自社の集客につながる会社と手を組めば、集客にかかる時間を減らし、時間を生み出すことができます。法人向けの商品を取り扱っているのであれば、法人の顧客を持っているＯＡ機器を取り扱っている会社や税理士と組み、顧客に訪問する際にチラシを配ってもらえば、集客にかかる時間を減らすことができるといった具合です。

## サポート体制の3つのタイプ

サポート体制となるのは、「営業をサポートしてくれる人材」「業務をサポートしてくれる人材」「ブレーンとなる人材」です。そして、理想はこの3つのタイプが揃うことです。

見込顧客を創出してくれる人材と契約することで、集客にかかる時間を削減することができます。この「営業をサポートしてくれる人材」とは、「テレアポ」や「SNSでのアポ」「プレゼン」「クロージング」、その他、行動量からある一定の確率で、見込顧客の創出や契約が見込める行動を、計画通り遂行してくれる業務委託契約のフリーランスなどの方を指しています。

サポート体制である以上、ひとり社長のあなたが行動量をコントロールする必要があります。なぜならセールスロードマップを達成させるには、しっかりと行動量を管理し、確率論で目標達成する必要があるからです。

ここで外注業者と業務委託契約のフリーランスの違いを整理しておきますと、外注業者は行動がコントロールしづらく、また先方の組織の管理コストも含まれるため、コスト高になる可能性が高いです。一方、フリーランスのほうはアルバイトを雇うよりは割高かもしれませんが、管理コストまで負担することがなく、費用対効果は高くなりやすいです。

また、顧客を紹介してくれる職種、同じターゲット層を顧客にしている職種、同じテーマの問題解決をしている職種などから、紹介を受けることは悪いことではありませんが、それに依存するのは、辞めましょう。

もちろん、いい関係が構築できていて、紹介をいただけるようであれば、しっかりとご紹介料をお支払いする契約を結んでおくことをおすすめします。ただ、紹介の売上は事業計画に入れづらいので、プラスアルファの売上として、考えておきましょう。

ここでも同様に行動量を管理できる業務委託のフリーランスを起用することで、費用対効果を高めることが期待できます。

## サポート体制をつくるときのポイント

業務をサポートしてくれる人材とは、業務を委託できるフリーランスです。

ひとり社長の会社で一番不足しやすい資源は時間。そのため、少し忙しくなると、時間が足りなくなり業務が回らなくなります。売上計画から算出すれば、契約後の後工程で、どの程度業務が発生するかは計算できますので、売上計画やその達成率に合わせて、業務委託のフリーランスの方と契約をしておきましょう。

ここで大切なことは、「手取り早く業務を委託するために、企業に任せるのは、なるべく避けたほうがいい」ということです。なぜなら、フリーランスや個人の方にお願いするより、割高になるからです。理想は、在宅で働きたい主婦の方などと契約することをおすすめします。

ブレーンとなる人材とは、情報交換や相談のできる人です。

ひとり社長の会社は、組織のある会社と比べると、入ってくる情報量がどうしても少なくなります。業界や世の中の動向だけでなく、他の業界で行われている取組み、新たに登場したシステムなどの情報の中には、儲かる会社の設計図の効率を高めるヒントが隠されていることがあります。

また、ひとり社長は主観に囚われやすいので、儲かる会社の設計図の非効率な部分に気づけないことがあります。第三者から見ると効率が悪い方法でも、普段から行っているので疑問すら感じなくなっているのです。

相談できる人材を持つことで、儲かる会社の設計図の中にある非効率を見つけ出し、効率を高めることができます。

ブレーンといっても、別にコンサルタントのような専門知識を持っている人である必要はありませんし、同業種である必要もありません。ただ、自分より経験値が多い、もしくは結果を出している人で、本当のことをアドバイスしてくれる人を選ぶことが重要です。

時々、自分より結果を出している人に相談をするのが恥ずかしいと、自分より経験値が低く結果を出していない人に相談をする人がいますが、それでは的確なアドバイスをもらうことはできません。それに、何でも褒めてくれたり、賛同してくれる人の意見も参考にはならないので注意したいですね。

# 5　時間のボトルネックをシステムで解消する

## ＩＴ化でカバーする

時間のボトルネックを解消する方法として、システムやＡＩなどの導入があります。

ネット上には、無料有料を含め、便利で費用対効果の高いシステムがたくさん存在しています。

例えば、顧客のデータ管理はもちろん、ホームページに訪れた人をニーズごとに分類したり、トランザクションパイプラインの進捗管理をしてくれるものもあります。

こういった人間がやるべきことを代行してくれるシステムを活用することで、時間をつくり出すことができます。

また、システムを活用すれば、データを基にした客観的な経営判断をすることも可能になります。勘に頼った判断は経営上リスクを高めます。そして、経験値が少ないものほど、そのリスクは高くなるのです。システムを活用すれば、勘に頼った経営判断から脱却し、よりベターな判断をすることができるようになるのです。

その延長線上にあるのは、トランザクションパイプラインの質的ボトルネックの解消です。質的ボトルネックの解消方法の中にＰＤＣＡを行うことを伝えましたが、データを基にした客観的な判断をしていくことで、ＰＤＣＡの精度を高め、質的ボトルネックを解消しやすくなります。

このように、プログラムやＡＩの活用は、時間のボトルネックの解消だけでなく、質的ボトルネックを解消するにも重要なものなので、後の章で詳しく説明させていただきます。

## 6　サポート体制を構築した事例

### ＳＮＳを活用する

当社も業務委託のフリーランスの方を起用して、私が時間的にできない業務をお願いしています。例えば、ＳＮＳの運用とＳＮＳでのアポをお願いしています。

ＳＮＳの運用は、非常に時間がかかりますが、フォロワーを増やすことで、多くの方に投稿を見てもらえる可能性が高まります。しかし、単純にフォロワーの数を増やしただけでは、投稿を見てもらうことはできません。

これはＳＮＳそれぞれにアルゴリズムがあり、それぞれ異なるのですが、傾向としてフォロワーとのエンゲージメントが低いと、投稿の表示回数が伸びないのです。

つまり日頃からフォロワーの投稿に対し、「いいね！」をしたり、コメントをし、相手からも「いいね！」してもらい、コメントをもらうことでエンゲージメントが高まるのです。

エンゲージメントが高まるとの、投稿の表示回数が増え、集客などの成果につながります。そして、日頃から、「いいね！」やコメントでやり取りしているため、ダイレクトメッセージでメッセージを送っても、違和感なく会話になります。改めてダイレクトメッセージで挨拶をすることで、そのやり取りの延長でアポイントが取れるのです。

この行動を量的と質的に管理することで、ＳＮＳの運用とアポイントが管理できるようになります。

量的な管理として、１日に、何人の人に何回「いいね！」するのか？　何回コメントするのか？　１日に、何人フォローするのか？　何回ダイレクトメッセージを送るのか？　これらの行動量に対して、何件アポが創出できるのか？

次に、質的な管理は、どんな投稿を行うと表示が増えるのか？　投稿の構成要素は、写真または動画。動画の場合はＢＧＭ。そして、どんなキャプションをつけるのか？　ダイレクトメッセージでは、どんな挨拶文を送るのか？　もしくはアポにつなげるセールスの文章をどんな文章を送るか？　セールストークなどと同様に、ＡＢテストを行いながら、コンテンツを質的に管理します。

ダイレクトメッセージによるアポの獲得は、オンライン面談の予約管理のシステムを活用します。ダイレクトメッセージの本文の中で、オンライン面談の予約管理のリンクから相手の都合のいい日程を選んでもらうので、その予定がシステムを通じで、私のところに直接届く仕組みになっているのです。

　このように、ＳＮＳの運用とＳＮＳでのアポを外部パートナーに委託することで、ＳＮＳ運用の量的管理と質的管理で、安定的にアポを創出することに成功したのです。

## ひとり社長がアウトソーシングできる業務

　コロナ禍の影響で、テレワークが浸透し、そしてその環境も大きく整備されてきました。オンライン面談やクラウドサービスの充実で、スケジュールの管理やそれぞれの仕事の進捗管理もオンラインでできます。Google のスプレッドシートを活用したり、デザインやクリエイティブの現場でも、同時にデザイン業務が進められるワークスペースがクラウドに存在したりと、その環境は進化し、ひとり社長にとっては非常に、働きやすくなっています。

　では、ひとり社長がテレワークでアウトソーシングできる業務にはどんなものがあるでしょう。

　まずは、記帳業務、給与計算などの経理業務や労務管理などの社会保険業務、そしてスケジュール管理やオンライン会議の準備、出張の手配などの秘書業務など、ソフトウェアとの併用で半自動化が可能です。また、ｗｅｂサイトの更新、デザイン、動画編集、ＳＮＳの運用代行、そして、営業面では、テレアポやＳＮＳを活用した新規アポの獲得から、オンライン商談を活用したプレゼンテーションの代行、そして商談のクロージングまで、アウトソーシングが可能です。

# 第4章　勘に頼ったマーケティングからの脱却

## 1　市場は偉大なる実験場

### 市場も人も変化する

マーケティング活動をしていく際に、もう1つ知っておいてほしいことがあります。

それは、マーケティングに、「完全なる正解はない」ということです。

マーケティング活動は市場の中で行われますが、法律や条例、景気や金利の変動、流行やライフスタイル、新たな技術やシステムの登場などの影響を受けることで、市場環境は刻々と変化をしています。

例えば、1つの条例ができることで、ビジネスチャンスが生まれることもあれば、新しいテクノロジーの登場により、その業種が衰退産業になってしまうこともあります。

それに、私たちが相手にしているのは人です。

人の関心や興味、必要としていることも、刻々と変化をしていきます。

以前に断わられた見込客から購入したいと連絡をもらったり、先月に興味があるので話を聞かせてほしいと頼まれた見込客に連絡したら断られたり、といった経験は誰にでもありますよね。

市場も人も変化します。だから、マーケティングには「こうすれば100％集客できる」「この方法なら１００％成約できる」といった完全なる正解はないのです。

## 勘に頼ったマーケティング活動から抜け出す

起業して数年も経てば、知識と意見が蓄積されます。もし、起業したてであったとしても、前職で培った知識や経験を持っていると思います。

知識や経験は素晴らしいもので重要なリソースです。でも、これまでの知識や経験によって築かれた勘によってマーケティング活動をするのは、とても危険です。

過去に大きな結果を出した経営者が、低迷からなかなか抜け出すことができない理由の１つもここにあります。昔に成功したときの知識や経験による勘が邪魔をしてしまっているのです。

これは一例ですが、勘に頼ったマーケティング活動は、場合によっては、時間と費用の大きなロスを生み出します。

私自身の経験としても、過去に関わった、ものすごく売れた講座がありました。その講座は２〜３年、売れ続け大ヒットしました。しかし、ある時を境にぱったりと集客できなくなったのです。今でも、その理由はわからないままです。

そんな状態に陥らないようにするには、市場を大きな実験場を捉える感覚を持ち、常にテストによる検証を行ったり、最適解をベースにした思考をすることです。

## 2　集客コスト検証のＡＢテスト

### 最もコストのかかる集客

マーケティングで最もコストがかかるのは集客です。

集客にかけるコストを下げることができれば、同じ売上でも、その分利益は増えます。つまり、集客コストを下げることは、実質的に売上を伸ばすのと同じ効果があるのです。

集客コストを下げるのに、必ず行っておきたいのがＡＢテスト。広告を2種類用意し、同じ条件下でそれぞれの反響を測定し、反響がよかったものを採用するテスト方法です。

なぜ、ＡＢテストを行うのかというと、それは、売手が考えたことと、顧客の反応や行動が異なることがあるからです。

例えば、Ｗｅｂ広告で、図表10のＡＢのどちらが、反響がよかったと思いますか?

これまで、多くの方にこの質問をしてきましたが、ほとんどの方がBと答えてくれました。理由は、Ｂのほうが好印象だからとのこと。

しかし、実際に反響が高かったのは、実はAなのです。

数字を確認していただければわかりますが、インプレッション、ランディングページビュー共に、

## 【図表10　AとBの広告、反響がよかったのはどっち？】

A

B

【図表 11　A と B の広告の実際の数字】

A

インプレッション　20,020
ランディングページビュー　290
ランディングページビューの単価　¥82
消化金額　¥23,800

B

インプレッション　4,390
ランディングページビュー　10
ランディングページビューの単価　¥407
消化金額　¥4,070

Ａのほうが圧倒的に多いのです。そして、ランディングページビュー単価もＡのほうが、５分の１程度に抑えることができています。

どんなに考えて広告をつくったとしても、その評価を行うのはユーザーです。だから、思い込みや感覚で広告を判断するのではなく、顧客に確認するべきでしょう。

でも、実際に、顧客に「どんな広告なら、あなたは反応しますか？」と聞くことはできません。

だから、ＡＢテストを行うのです。

## ＡＢテストはすべての広告で行う

ＡＢテストは、チラシ、ＤＭ、ＬＰ、Ｗｅｂ広告など、集客に使う広告のすべてで行います。

チラシの作成を外注している場合、２種類のチラシをつくると製作コストが高くなるので、抵抗を感じる人もいらっしゃるかもしれません。でも、毎回デザインを変えながら1種類ずつチラシを出して検証するより、早く成功パターンを見つけ出すことができるので、結局、トータルのコストは低く抑えることができます。

インターネット系の広告であれば、ＡＢの２種類だけでなく、ＡＢＣＤＥといった具合に複数の広告を準備して一度にテストをしても、コストはそれほど大きくなりません。複数の広告を作成するのは手間がかかりますが、一度にたくさんのパターンをテストすることで、より早く最適解を見

【図表12　A/Bテスト】

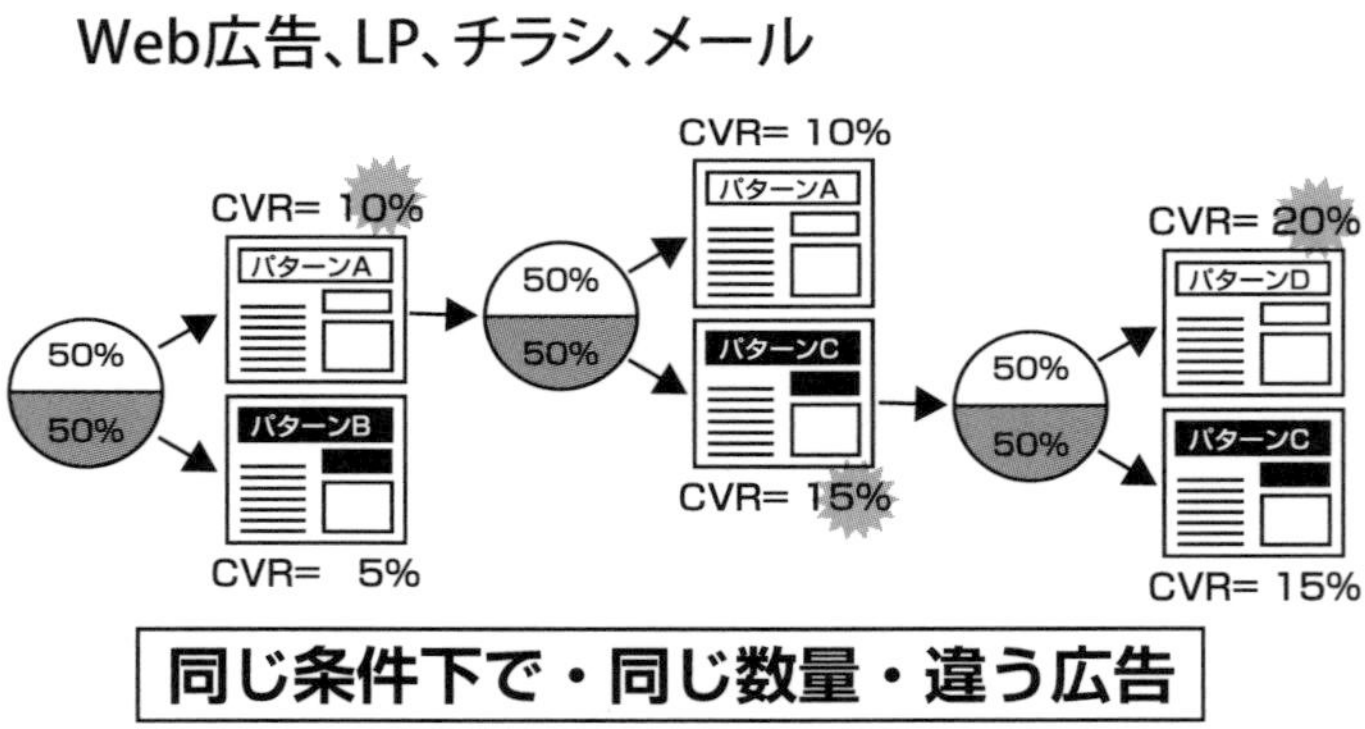


広告やコンテンツを最適化するために実施するテストの１つ。
特定の要素を変更したAパターン、Bパターンを作成し、それぞれの成果を比較することで、より高い成果を得られるパターンを見つけ出す。
「A/Bテスト」という名前ですが、3パターン以上でテストすることもある。

つけ出すことができます。

ＡＢテストは、やればやるほどデータが増えます。それを基に最適解を考察すれば、広告の反応率を高めることができます。だから、単発で行うのではなく複数回行うようにしていきましょう。

## マーケティングメールで最適解を見つけ出す

近年、営業のプロセス設計に欠かせないものの１つにマーケティングメールがあります。

取扱商品によっては、テレアポよりも低コストで集客することができる優れ物なので、集客方法の１つとして検討する価値のある方法です。

マーケティングメールは、タイトルによって開封率が、コンテンツによってクリック率が変わります。

ですから、「タイトルを変えたＡＢテスト」「同じタイトルでコンテンツを変えたＡＢテスト」をそれぞれ行い、その反響数を確認することでマーケティングメールの反響を高めていくのです。

ＡＢテストを応用すれば、マーケティングメールの反響から、ターゲットの興味を調査することもできます。

これは、弊社で実際に行ったテスト結果なのですが、５０００件の見込顧客リストから、３００件ずつを選び出し、次の４つのパターンのマーケティングメールを作成して送りました。なお、見込顧客にお送りしたメールの内容はわかりやすいように要約しています。

**【A】テーマ：人材の採用・活用を最大限にする仕組みづくり**

最近の中小企業の取組みでは、景気が上向いて難しくなった人材採用をやるよりも、今いる社員をしっかり育成し、会社全体の戦力を上げていこうという動きが活発になっています。

御社の人材教育・活用はいかがですか？

**【B】テーマ：売上を上げる仕組みづくり**

既存顧客の発注頻度を上げる仕組みや、新規顧客を増やす仕組みなど、企業の抱える問題によって課題は様々です。日々の業務をこなしていけば、新しいお客様が増え、既存のお客様とも継続的な取引が増え、売上が積み上がっていきます。

そんな安定的に売上が上がる仕組みに興味がないですか？

**【C】テーマ：売上を上げるホームページづくり**

最近のホームページは、ずいぶん賢くなっているのをご存知ですか？

これまでホームページは閲覧数くらいしか確認できませんでしたが、今は、見込顧客がホームページに訪れると、どのページのどこ部分までを閲覧したのかまで教えてくれるのです。

この新しいシステムを使えば、ホームページのコンバージョン率を高めることができるのを、ご存知でしょうか？

## 【D】テーマ：働く時間を短縮する仕組みづくり

いよいよ、働き方改革法案が施行されます。この法律は中小企業にとってプラスなのか、マイナスなのか？　経営者の本音を言えば、短い時間でしっかり利益を出してくれるのなら、それに越したことがありません。

働く時間を短くしても利益を増やせる仕組みづくりにご興味はございませんか？

この4つのマーケティングメールの反応は、図表13のようになりました。

この結果を見ると、見込顧客が最も高い関心を持つのは、Bの「売上を上げる仕組みづくり」だということがわかります。

ターゲットの興味を把握した上で、弊社では、次にリストを半分の2500件ずつに分け、Bをブラッシュアップした広告を作成して、更にABテストを行うことで、反響が高い広告の最適解を見つけることができました。

これまでは、ターゲットの興味を調べるというと、市場調査の会社に大きなコストをかけて依頼するというのが一般的でした。また、市場は時勢によって変わり、大きなニュースや世の中の出来事で大きく左右されるため、適時、繰り返しテストすることは簡単ではありませんでした。

しかし、マーケティングメールとABテストを組み合わせれば、ひとり社長でも自社でターゲットの興味を把握することができるのです。

【図表13　マーケティングメールの反応】

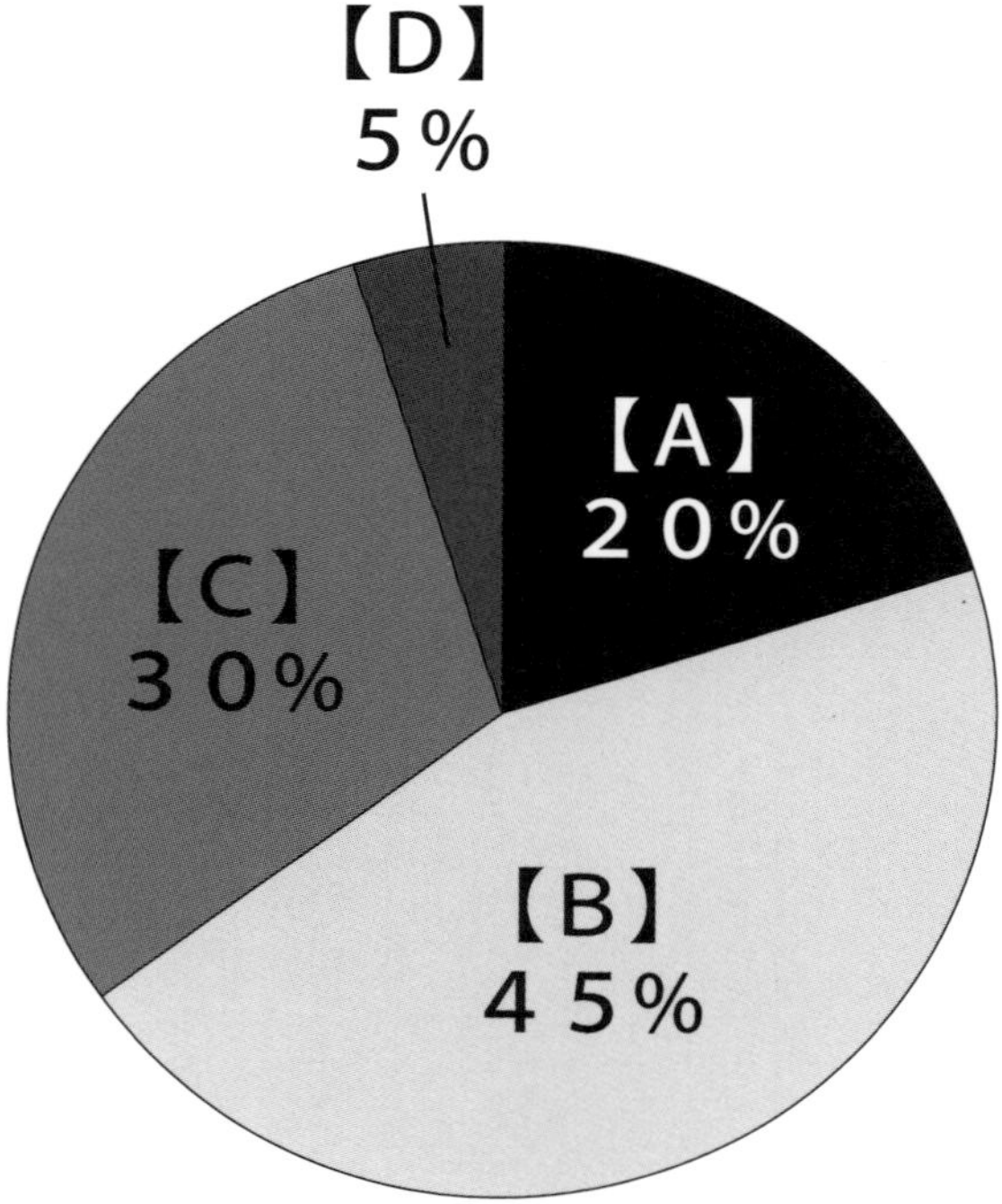


A：人財の採用・活用を
　　最大限にする仕組みづくり
B：売上を上げる仕組みづくり
C：売上を上げるホームページづくり
D：働く時間を短縮する仕組みづくり

# 3　ＩＴツールで最適解を見つけ出す

## 活用できるＩＴツール

マーケティングの最適解を見つけるものとして、もう１つ外すことができないのがＩＴツールです。この便利なツールを使えば、最適解を見つけるのは難しくなくなります。それに最近では、無料のものや安価のものもたくさん出回っているので、活用しない手はありません。

例えば、「Google アナリティスク」「Google サーチコンソール」「Google オプティマイズ」などは、最適解を見つけ出すのに無料で使える優良なＩＴツールです。

「Google アナリティクス（Google Analytics）」は、サイトにどんな人が訪れているのかといった属性データや、サイト内でどんなページを見ているのかといった行動データを確認することができるアクセス解析ツール。それらのデータを分析すれば、サイトを適切に改善することができます。

「Google サーチコンソール（Google Search Console）」は、Google が提供しているインターネット検索の分析ツール。Google 検索キーワードの表示回数、順位の推移、サイトが抱えている問題点などを確認することができ、サイトの改善に役立てることができます。

「Google オプティマイズ（Google Optimize）」は、Google が提供する無料ＡＢテストツール。

【図表14　Googleアナリティクスの管理画面】

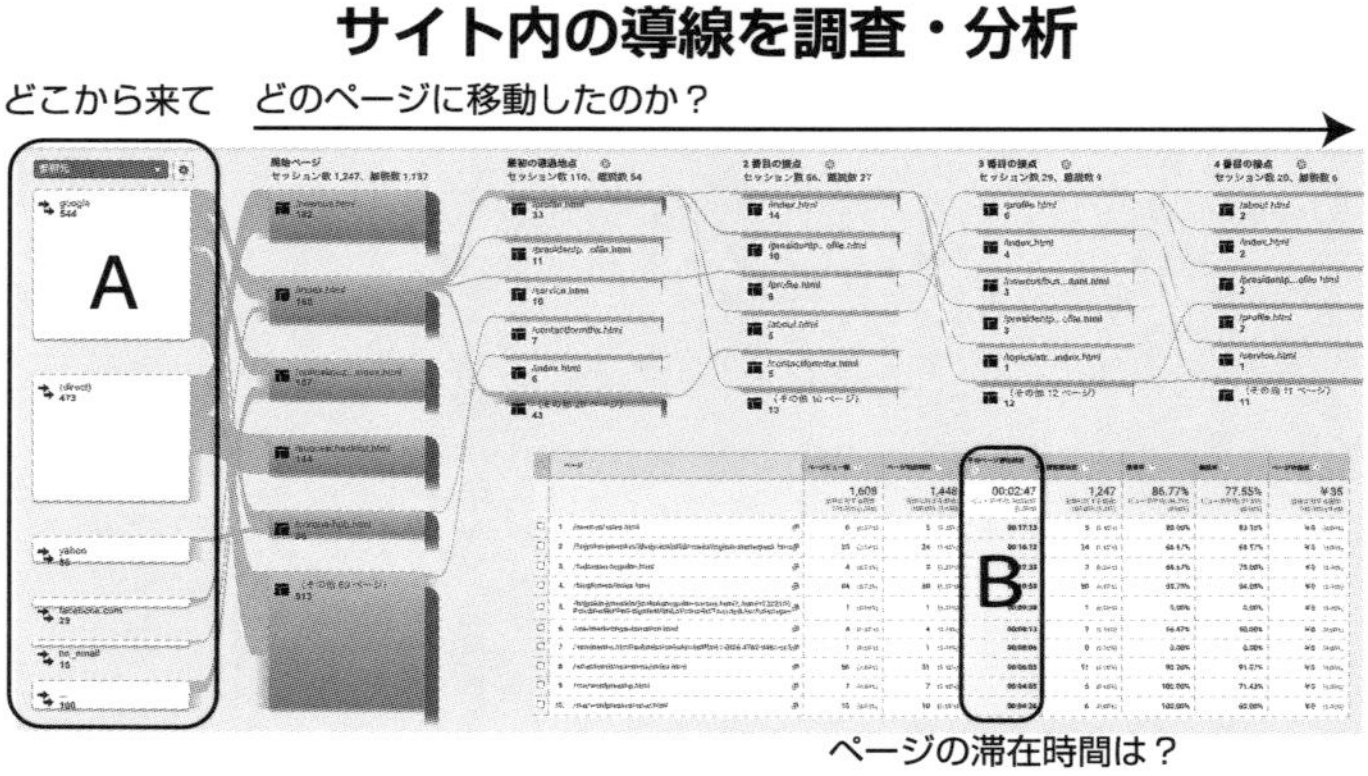


Googleアナリティクスと連携することで計測から分析まで、簡単に行うことができます。

またテキスト差し替えなど、簡単なテストであればビジュアルエディターで作成できるので、ホームページ制作会社に依頼することなく、スピーディーにテストを実行することができます。

各ツールの詳しい使い方の解説は、本書の趣旨ではないので差し控えますが、例えば、Googleアナリティクスの管理画面は図表14のようになっています。

Aのところに、どこから訪れたのかが表示され、その後、どのような動線をたどりながら、どのページに移動したのかを知ることができますし、逆にどのページから離脱したのかも知ることができます。つまり、売手が思っている通りに顧客が動いてくれているのかを確認することができるわけです。

また、Bのところを見れば、各ページの滞在時間の確認ができます。滞在時間が長ければ、ページを読み込んでくれている可能性が高いのです。

どこから来て、どのような動線をたどり、どのページをしっかり見ている可能性が高いのかを知ることで、ホームページの精度を高める最適解を導きやすくなるわけです。

## 最適解をも見つけ出す便利なＩＴツール

有料のツールになりますが、私がよく活用するのが「ハブスポット（Hub Spot）」です。

これは、見込顧客を惹きつけ、リードに転換し、顧客化を促すためのインバウンドマーケティング（見込顧客と出会い、購買意欲を育成していくマーケティング活動）およびセールスのソフトウェアです。

ハブスポットの魅力は、マーケティングオートメーションツールの機能や、ワークフロー（自動化ツール）が搭載されている点。マーケティングオートメーションツールとは、マーケティング業務を自動化することで業務効率化、生産性向上を図るツールです。

ハブスポットには、個人を特定し、誰が、どのページを、どんな順番で、どれくらいの頻度で閲覧したのかという、顧客ごとの閲覧履歴を知ることができる便利な機能が付いています。これを活用すれば、顧客ごとに適切なマーケティングアプローチを行う最適解を見つけることができるのです。

他には、Microsoft Clarity（ヒートマップツール）。

このツールには、ホームページを訪れたユーザーが、ページ内のどこをクリックしたのかを確認できる機能、ホームページ内の各ページがどこまで閲覧されているのかを確認できる機能がありま す。

これらの機能を使えば、タイトル周りしか読まれていないのか、ページの下のほうまで読まれたのか、タイトル周りから次のページに遷移したのを把握することができます。

この2つの機能を使うだけでも客観的なデータに基づいた、ホームページの精度を高める最適解を導くことができます。

Prediction OneのＡＩ機能を使えば、成約の可能性が高い顧客を洗い出すことができます。

例えば、１０００件のリストから、「成約したリスト１００」「成約しそうなリスト１００」「成約してないリスト１００」を選び出し、これまでの調査した結果をＡＩに分析させます。その分析結果に、残りの７００のリストを入れると、ＡＩが成約しやすい順番に顧客リストを並べてくれるのです。

見込顧客の中で、誰が成約しやすいのかがわかるなんて、こんなに素晴らしいことはありません。

それがわかれば、欲求が高まっている顧客と、欲求が高まっていない顧客に分類し、それぞれに必要なアプローチをすることで、ひとり社長が陥りやすい売上の乱高下を避け、売上を安定させや

【図表15　目標達成のためのPDCAサイクル】

Act（処置・改善）
分析により、さらに効果が出るであろう要素を盛り込みチラシを再提案。

Plan（計画）
ターゲット、プロモーション（販促・広告）内容の把握現状の分析を行い、切り口の異なるチラシを２種類制作します。

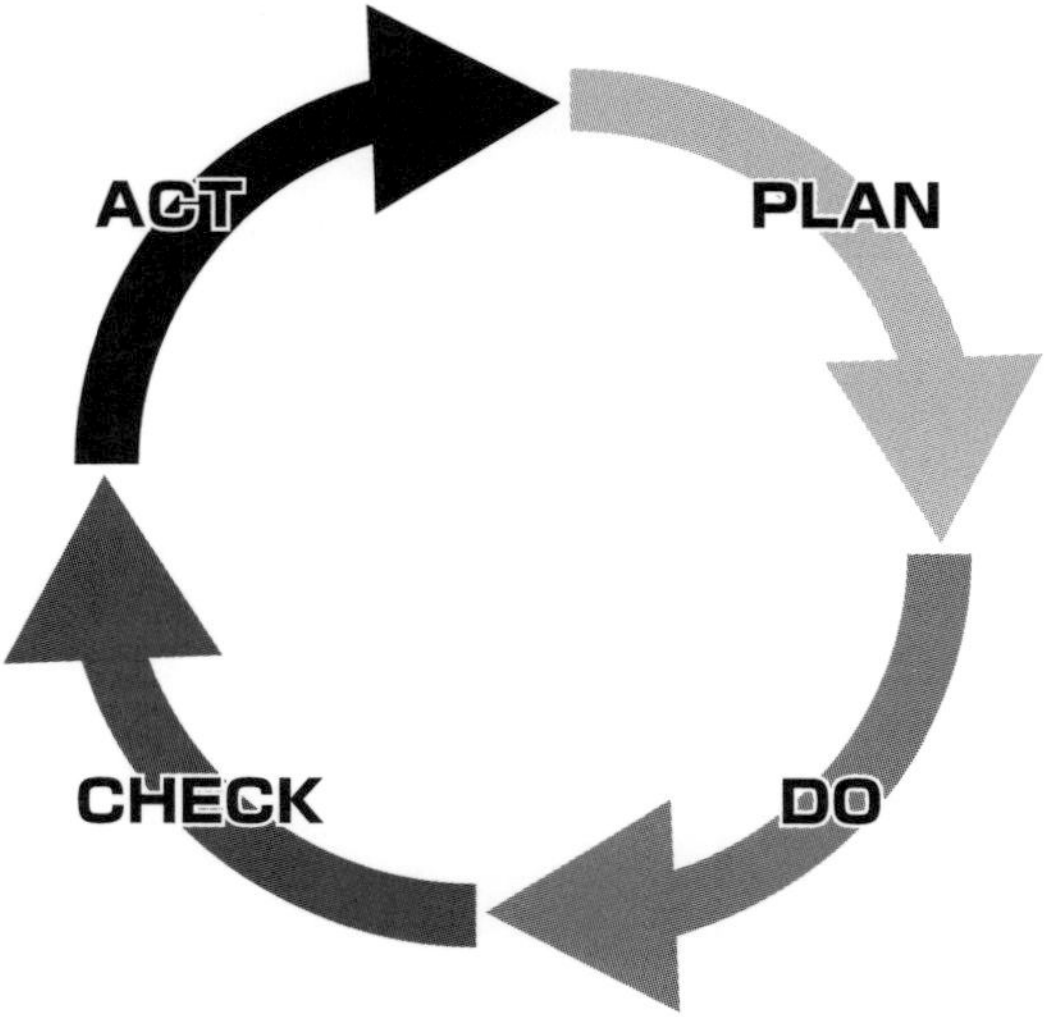


Check（点検・評価）
効果分析を行 う。
AB テストの結果により、何がユーザーの心にささったのかを分析する。

Do（実施・実行）
品質の高い管理体制のもとで、２種類のチラシを同時に配布します。
※AB テストを採用した広告物

すくなるのですから。

ＩＴツールを活用すれば、どんな未来が広がるのかはイメージしていただけたでしょうか？

ＩＴツールを活用すれば、顧客ごとの細かなデータを手にすることができます。そのデータを元にＰＤＣＡを行えば、これまでの勘に頼ったマーケティングから脱却し、短期間で最適解を見つけ出し、勘に頼ったマーケティングから脱却できるのです。

## ページの滞在時間がわかるようになったものの……

昭和の営業やマーケティングを体験してきた私は、上司の根拠のない指導に振り回されてきました。でも、その頃は効果測定のしようがなかった時代だったので、それも仕方がない時代でした。でも、今は違います。様々なツールが存在し、詳細をデータで教えてくれます。なので、逆に徹底的に経験や勘に頼った経営判断は止めるべきだと思います。

例えば、ホームページの分析について私の経験をお話すると、昔、Googleアナリティクスが出てくる前は、ホームページのアクセス解析も有料のソフトを利用していました。しかし有料にも関わらず、計測できる数値といえば、ＵＵ（ユニークユーザー数）重複しないユーザー数や、ＰＶ（ページビュー）ページが表示された回数、そして、どんなキーワードで検索してホームページに到達したのか？　くらいしかわかりませんでした。

次第に、Googleアナリティクスの精度が上がり、ページの滞在時間やどのページを見て、次にどのページに遷移したかなどが、わかるようになりました。

これらのことがわかるようになったことで、ページが表示されたか？　されてないか？　しかわからなかったものが、しっかり読まれているか？　すぐに離脱しているか？　滞在時間までわかるようになりました。離脱しているのであれば、その記事の内容がユーザーが求めているものでないと推測し、記事を書き直すという改善ができるようになりました。

しかし、今度は滞在時間は伸びたが、問い合わせが増えない問題が起こりました。そこで、そのページの中でどんな動きをしているか？　が気になり、有料でヒートマップを利用するようになりました。

そこでわかったことは、そのページをおおよそしっかり読んでもらえているとわかったのですが、ページの最後に読んでもらいたいコンテンツの手前で多くの人が離脱していることがわかったのです。なので、その読んでもらいたいコンテンツをページの最初に持ってくることにしました。そうすることで、そのページのコンテンツは最後まで、しっかり読まれるようになったのです。

その後、問い合わせが増えたのかと言いますと、結果は増えませんでした。なぜでしょうか？

おそらくそのページを読んだ方の満足度は高かったと思います。でも、記事をしっかり最後まで読んで、納得して終わってしまっているような状態でした。

記事を書く上で、読者の満足度を高めることは大切ですが、満足させてしまってはいけないというのもあります。少しは疑問を残し、「もう少し詳しく聞きたい」や「大事な部分を教えてほしい」などという状態に留めておいて、そのあたりに「資料ダウンロード」を促すコメントとボタンなどを設置する必要があったのです。

前述しましたが、今はヒートマップすら、無料で利用できるツールが存在します。

## 名刺を上手く分類する

話は変わりますが、名刺交換された名刺はどうされていますか？

名刺ホルダーに整理しているか、名刺管理ソフトに入力するか、どちらかをされているでしょう。その名刺は、どのように活用されていますか？　多分、年賀状や暑中見舞いのときに活用されるのでしょうか？　もちろん、今までであれば、それでよかったと思います。

でも、この現代において、それだけで終わらせるのは、勿体ないです。実際に時間を掛けて、お会いした人と名刺を交換して、時間とお金を掛けて集めた名刺を活用しないのは勿体ないです。もっとも、その名刺交換した相手が何に関心があり、どんなサービスを求めているかなんて、把握するのは難しいでしょう。すべての名刺に空気を読まずに電話するのも、なんか違いますよね。

私は、名刺管理ソフトに入力した上で、データをダウンロードして、マーケティングオートメーションにインポートしています。そして、名刺交換した方々にお礼のメールをお送りしています。

そして、継続してマーケティングメールをお送りするようにしていて、この沢山の名刺交換をした方々を、興味関心によって分類しています。

メールは、私が提供するサービスにまつわるいくつかのテーマで送ります。

①マーケティング、②営業、③社員教育、④ソフトウェアなどです。

## メールの開封率・開封回数をデータに集める

メールを受け取った人が、そもそも私に関心があるかないか？　開封率や開封の回数で判断できます。

次に、メールのテーマによって、どんなテーマに反応したのか？　このデータを蓄積していきます。

これらの情報を集めていくと、次の4つに分類されます。

（1）マーケティングに興味ある人
（2）営業に興味ある人
（3）社員教育に興味ある人
（4）ソフトウェアに興味がある人

以後、名刺交換で獲得した企業のリストは、①マーケティング、②営業、③社員教育、④ソフトウェアの４つの見込顧客リストとして生まれ変わります。

それぞれのリストに、それぞれのテーマでマーケティングメールの配信を行い、さらに興味、関心が高いリストを抽出します。ＭＡ（マーケティングオートメーション）を活用すれば、誰が何回、ホームページに訪れたのか？　どのページを見たのか？　まで情報が取れます。

例えば、商品やサービスのページを見て、その後に価格のページを見ていたら、購入を検討しているのではと、推測できます。他には、顧客に情報提供しているページを見て熟読しているのなら、情報収集をしている段階と考えられるので、資料をダウンロードする可能性は大いにあります。もしダウンロードをされたなら、その時点でひとり社長の携帯にプッシュ通知を送信し、資料ダウンロードしたことを通知します。

これは、資料ダウンロードがあって、24時間以内にコンタクトを取ることで、24時間以降にコンタクトを取るのと比べて、成約率が大きく改善されることが確認されています。相手が興味を持っているタイミングでコンタクトを取るのですから、アポ獲得率が大幅に改善されます。

つまり、しかるべきタイミングで、個別に電話やメールを差し上げて、アポイントを獲得することが可能になるのです。

こんな風に、経験や勘に頼ったマーケティングを止め、ＩＴツールを使いこなして、的確で効率のいいマーケティングを行うことをおすすめします。

# 第5章　マーケティング戦略に強くなろう

# 1　マーケティングのＴＦＣ

## マーケティングのＴＦＣとは

売上目標、行動量、確率、結果がイコールになるセールスロードマップで、確実に売上をつくり出せるようになったら、次に目指すのは自社のリソースを活かし、利益を最大化することです。

そのために、知っておいていただきたいのが、マーケティング戦略の核となるＴＦＣ「Target（誰に？）」「Function（どんな機能で）」「Contents（どんな表現で？）」です。

ターゲットを絞り込み、明確化することの重要性は、少しマーケティングをかじったことがある人であれば、ご存知だと思います。

資源が限られているひとり社長の場合、資源の豊富な組織のある会社より、当然、その重要度は高くなります。

理想は、自社商品を購入する99％の顧客層を切り捨て、1％のターゲット層にまで絞り込むこと。そうやって絞り込んだターゲットに資源を集中させることで、少ない資源でも他社に抜きんでることができます。

ターゲットは、それができればマーケティング戦略の半分が終わったと言っても過言ではないほど重要なものです。しかし、実際には、ターゲットを明確化できているひとり社長の会社は少数派といっていいでしょう。これは逆に言えば、ターゲティングだけでもきちんとやれば、ライバルたちに勝てる可能性が高くなるということでもあります。

マーケティング戦略の背骨ともいえるターゲティングでしっかりターゲット層を絞り込むことができるように、なぜターゲティングがチャンスを開くのかというところから説明します。

## 2　差別化集中戦略

### 差別化戦略はひとり社長向き

米国の経営学者で、ハーバード大学経営大学院教授のマイケル・ポーター氏が１９８０年に発表した著書『競争の戦略』は、マーケティング世界に旋風を巻き起こしました。競争戦略とは、会社が顧客を獲得するために他社との差別化を図る戦略のことです。

同著の中で、マイケル・ポーター氏は競争戦略を、「会社が自社の市場地位を強化できるよう、上手く競争する仕方の追求」と定義し、そのために、「コストリーダーシップ」「差別化」「集中戦略」を取ることを推奨しています。

集中戦略は、更に、「コスト集中戦略」と「差別化集中戦略」に分類することができるので、全体としては図表16のような類型になります。

## 基本となる競争戦略

どんな会社でも競合と比較すると無数の長所や短所を持っています。

基本的に競争優位のタイプの会社は、「低コスト」と「差別化」の2つに絞ることができるのですが、この2つをターゲットと結びつけることで、業界内で平均以上の業績を達成できる基本戦略をつくり出すことができます。

### ・コストリーダーシップ戦略

コストリーダー戦略は、基本的にリーダー企業（業界1位）が取る戦略。

大量生産と大量販売でシェアを取り、コストを下げて販売する戦略です。

### ・差別化戦略

リーダー企業と差別化したいチャレンジャー企業（業界2位以下）が取る戦略。

ポイントは、リーダー企業が真似できない商品やサービスの差別化で優位性を構築する点です。

### ・コスト集中戦略

特定の狭い市場や、特定の分野など、市場規模が小さくリーダー企業があまり進出してこない市場で、低価格で優位性を構築する戦略です。

【図表 16　競争戦略と差別化集中戦略】

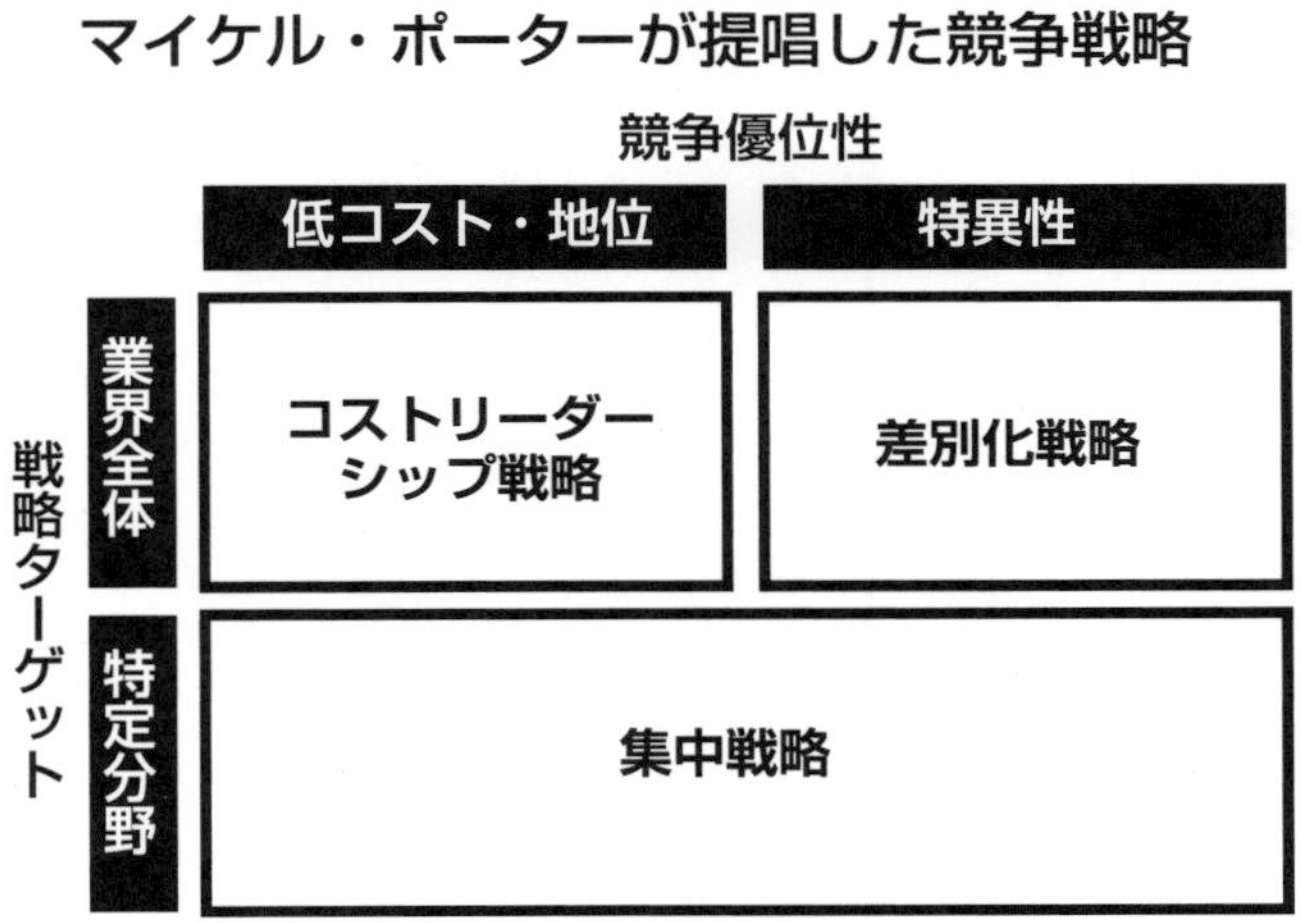


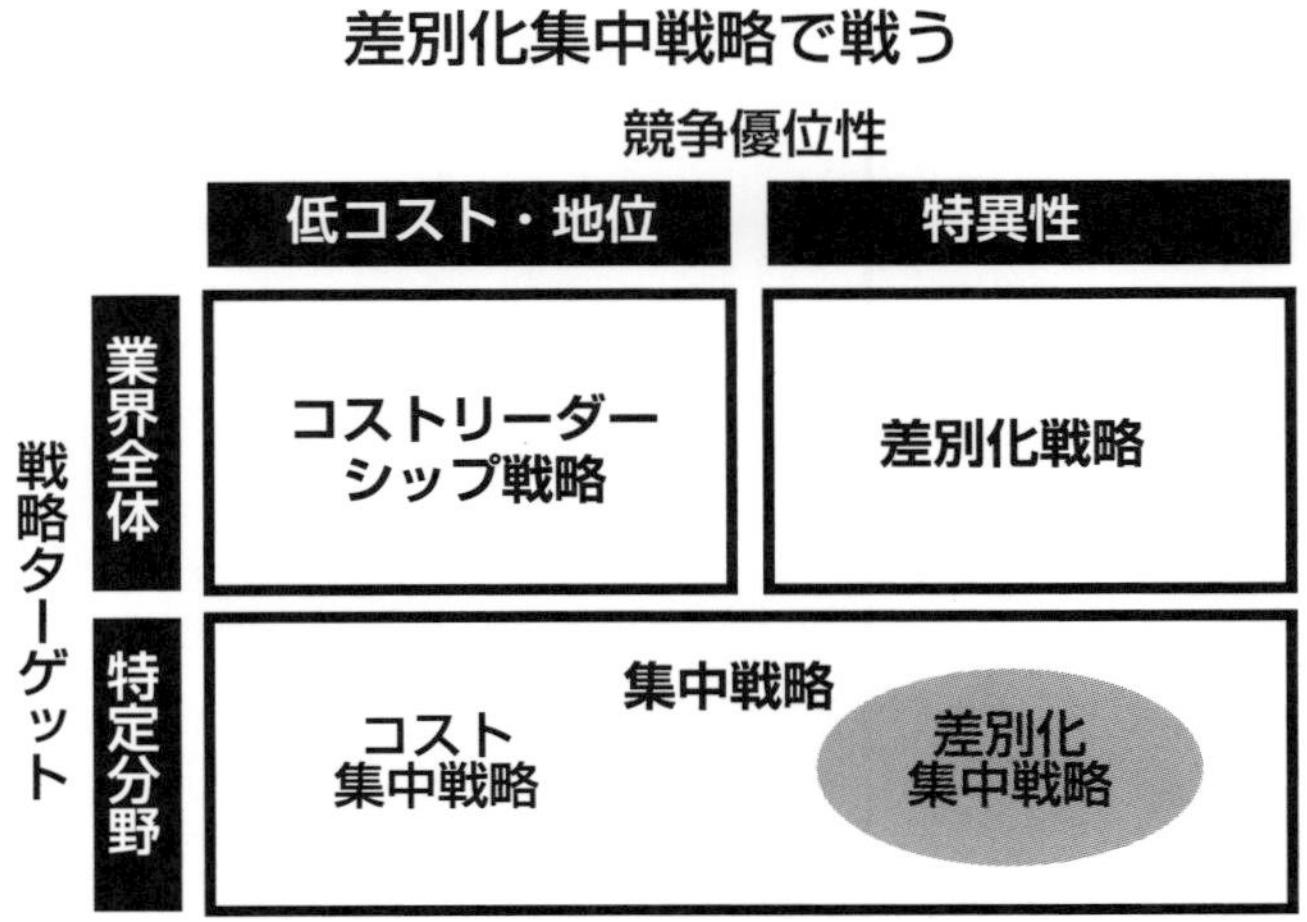

## 差別化集中戦略

特定の狭い市場（特定のターゲット）を対象とし、製品やサービスの差別化で優位性を構築する戦略です。

さて、この4つの基本戦略の中で、ひとり社長の会社が取るべき戦略は、どれだと思いますか？それは、ずばり「差別化集中戦略」です。

差別化集中戦略は、いわゆる「小さな池の大きな魚戦略」と類似しています。既存の大きな市場（池）に参入すると競争が激しいため、シェアを広げるのにコストがかかってしまい、利益確保が難しくなります。

まだ誰も見つけていない小さな新市場（小さな池）を見つけ出し、その市場にファーストインして高いシェアを獲得することで利益を確保する。その後、市場を牽引しながら拡大していく（大きな魚を釣る）のが、ひとり社長の取るべき戦略なのです。

## なぜ、小さな池がいいのか？

差別化集中戦略では、「特定の狭い市場」を対象にしますが、そのこと自体に抵抗を感じる人もいるかもしれません。なぜなら、特定の狭い市場や特定のターゲットに絞り込むと、販売の可能性が減少するのではないかと考えてしまうからです。

でも、実際には、そうはなりません。

まず、特定の狭い市場に経営資源（ヒト・モノ・カネなど）を集中させると、シェアが取りやすいです。それに、参入障壁も築きやすく、必要な利益を獲得しにくいリーダー企業が参入してくる可能性は低くなります。

競合が少なければ、当然、低価格競争になる可能性も低くなり、利益も確保しやすくなります。このように、ターゲットを絞り込むことで、販売の可能性だけでなく、利益を最大化しやすいのです。

それが事実であることは、競争戦略と営業利益率の関係のデータを見てもわかります。図表17にあるように、「差別化集中戦略」を取る会社の営業利益率は、そうでない会社より高い傾向にあるのです（出所：２０２０年版中小企業白書）。

## 差別化集中戦略の差別化とは

ちなみに、マーケティングで一般的に使われている「差別化」と、マイケル・ポーターが競争戦略の中でいう「差別化」では少し意味が異なります。

マーケティング用語として一般的に使われている「差別化」は、同じものを競合のそれと区別させる行為を含んでいるのですが、ポーター氏の「差別化」は、顧客に「ＡとＢは全くの別物」と認識させることのみを指しているのです。

## 【図表 17　競争戦略別　営業利益の水準】

競争戦略別、営業利益率の水準（2018 年）

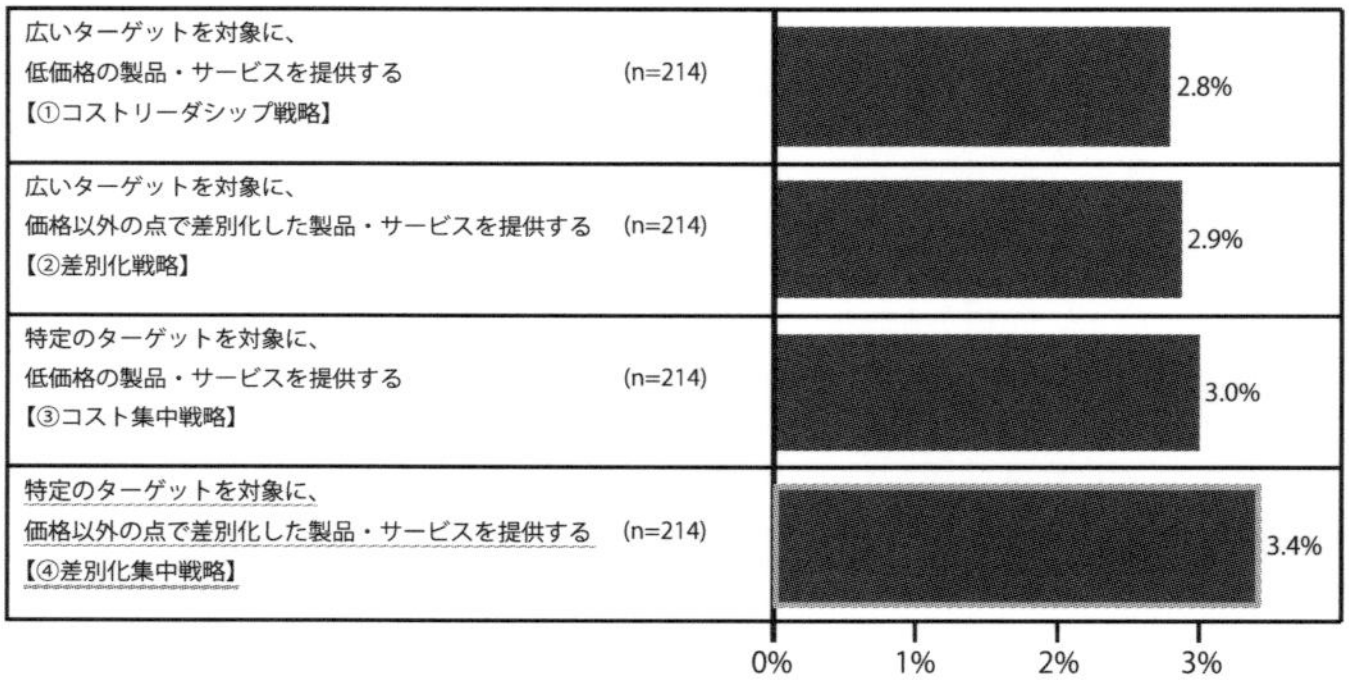


（出所：２０２０年版中小企業白書）

特定の狭い市場に経営資源を集中させることで、
シェアが取りやすくなる、参入障壁を築きやすくなる、
リーダー企業の参入を防ぐことができる、低価格競争
になる可能性が低くなり利益も確保しやすくなる

図表16の縦軸が「特異性」となっているのはそのためで、差別化戦略が成功すれば価格競争を避けることができます。

差別化集中戦略における差別化の定義は、「市場が認知する他社の製品やサービスの価値に対して、自社の製品・サービスの認知上の価値を増加させること」。

ここでしっかり押さえておいてほしいのが、差別化が「顧客の認知上の価値」であるという点です。

つまり、これは、自社がいくら他と異なる価値があると主張しても、顧客がその価値を認知できなければ、その価値はないのと同じということ。つまり、売手の独りよがりではダメだということです。

そして、差別化は、「顧客にとって価値が増加する」ものでなければなりません（図表18）。

差別化と言うと、単に他社や他製品との違いをつくると考えてしまいがちなのですが、どんなに違いがあったとしても、顧客にとっての価値が向上しなければ、それは、真の差別化ではないということです。

## 差別化で押さえておくべきポイント

マイケル・ポーターは、差別化をする重要な要素として、「製品の特徴」「機能間の連携」「タイミング」「地理的ロケーション」「製品の品揃え」「他企業との関係性の強さ」「評判（ブランド）」

【図表18　正しい差別化戦略と間違った差別化戦略】

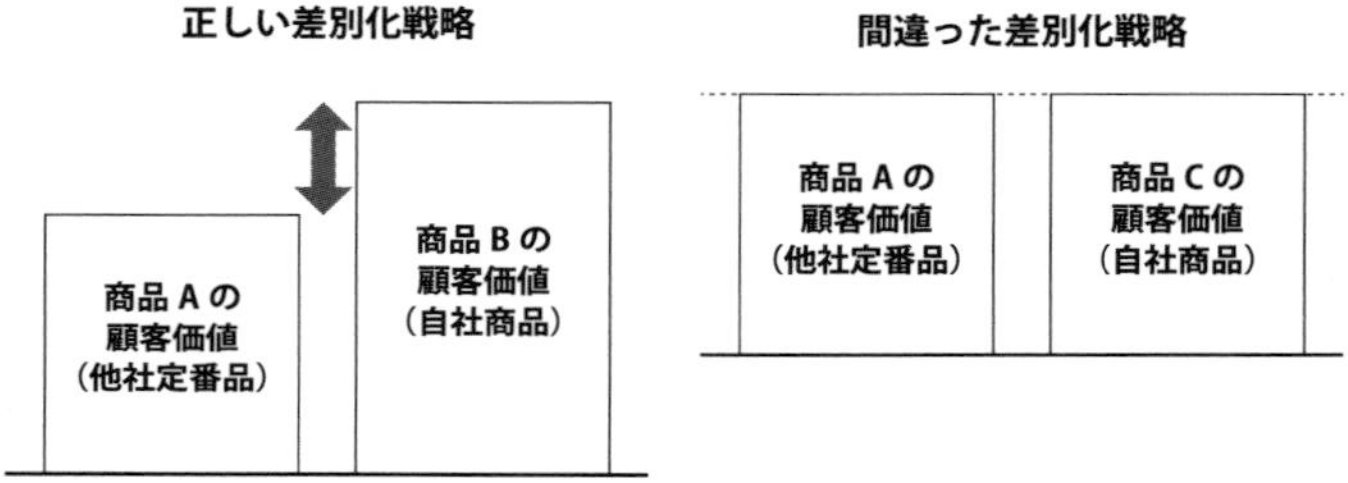


の7つを挙げていますが、このすべてを行うと煩雑になるので、次の4つの視点で差別化を考えることをおすすめしています。

①製品
②顧客サービス
③ブランドイメージ
④流通チャネル

これらの要素に手を加え、それらを組み合わせることで、顧客に価値を認識していただいたり、顧客の感じる価値を増大することができます。

では、それぞれの要素について要点を説明しておきましょう。

## ①製品

競合他社とは異なる「特異性のある製品」をつくり出すことで差別化する方法です。

特異性のある製品にするには、次のような方法があります。

・機能や性能を向上させる

・余計な機能や性能を取り除きシンプル化する
・これまでになかった斬新なデザイン
・使いやすさや手軽さの追求
・原材料の変更
・付帯サービスの充実

オリジナリティの高い製品にすることで、競合商品より価格が高くても売れる競争力の高い製品をつくり出すことができるようになり、価格競争を回避し、利益率を向上させることが可能になるのです。

例えば、ダイソンリミテッドは、それまで、家電大国で、国産品が一番と考えていた日本に、「変わらない吸引力」という特異性のある商品を持ち込むことで、掃除機のメーカー別国内シェアを塗り替えました。

特異性のある商品というと、機能や性能が優れているものばかりをイメージするかもしれませんが、そうではありません。

神奈川県にある食品サンプルメーカーの有限会社末武サンプルがつくった、食品サンプルに見えるスマホスタンドは、マスコミにも取り上げられる人気商品になっています。このように、昨日や性能は競合と同じでも、デザインを変えることで特性のある商品にすることもできるのです。

## ②顧客サービス

特異性のある、魅力的な顧客サービスを提供することで差別化する方法です。

特異性のある顧客サービスを行うには、次のような方法があります。

・競合にはない、圧倒的な量のサービス
・競合にはない、付加価値となるサービス
・購入前に顧客に発生する不安を解消するサービス
・購入後、顧客に発生する問題を解決するサービス
・付随するニーズに対応するサービス

特異性のあるサービスと言っても、決して難しいものではありません。

例えば、ランチをすると注文した料理のレシピをお渡ししている飲食店、住宅購入前に不安になる資金繰りを解消するために住宅ローンの手続を手伝ってくれる工務店、ＰＣ購入後に使いこなせるようになるオンラインでのサポートを行っている家電店などです。

個性的なサービスを提供することで、顧客に選ばれるようになった会社やお店は世の中にたくさんあります。

### ③ブランドイメージ

自社や自社商品に対して顧客が持っているイメージに特異性を持たせることで差別化する方法です。

ブランドイメージは、次の4つに分類することができます。

・ブランドの世界観
・ブランドのテーマ
・ブランドのストーリー
・ブランドのキャラクター（性格/人格）

例えば、ブランドの世界観で差別化することに成功した事例として、スターバックスがあります。それまで休憩する場所だったカフェのイメージを覆し、シアトルの街を感じる空間の中で時間を楽しむ場所という特異性のある世界観を訴求することで、一大ブームを巻き起こしました。

### ④流通チャンネル

流通チャネル（顧客に商品が届くまでの経路）で競合他社とは異なる特異性を出すことで差別化を図る方法です。

例えば、株式会社資生堂は、対面で販売する実店舗と、インターネットで化粧品を購入できる通販サイト、そして美容情報を配信している情報サイトという3つの流通チャネルを準備しています。

しっかり説明を聞いて納得して購入したい人は実店舗で、手軽に購入したい人はインターネット通販で、そうやって顧客の希望に沿った購入方法を準備しているのです。

クックパッド株式会社は、自社で運営する生鮮食品EC「クックパッドマート」で注文した商品をコインランドリーで受け取れるサービスを、業務用大型クリーニング機器の製造販売を行っている株式会社TOSEIとコラボで行い、流通チャンネルを増やしています。

事例には、大手企業のものも入れましたが、ひとり社長の会社でも、4つの視点で、顧客にとって価値が増加する方法を考えることで、差別化をすることは可能です。

そして、その差別化した部分に資源を集中的に投資していくことで、顧客に価値を感じてもらうのです。

## 3　ポジショニングマップ

### ポジショニングマップとは

どんな差別化をするのかが決まったら、それをポジショニングマップに落とし込んでいきます(図表19)。ポジショニングとは、「位置（ポジション）を決める」という意味で、ポジショニングマップとは、その名の通り、ポジションを見える化することで、競争優位性のある独自ポジションを導き出す手法です。

初めてポジショニングマップをつくるときは、大変な作業に感じるかもしれませんが、これをやることでターゲットを決めやすくなるだけでなく、売上を伸ばしていく方法も見つけやすくなりますので、しっかり実行するようにしてください。

ポジショニングマップでは、自社と競合他社の製品やサービスを２つの要素で評価し、その２つの要素を縦横軸にしたマトリクスのマップの中に配置していきます。マップに配置することで、市場の全体像や参入各社の製品の立ち位置が視覚的に確認しやすくなります。

本来、ポジショニングマップは、商品やサービスの販売戦略の決定から、マーケティング戦略の見直し、新規事業立ち上げの際のコンセプトづくり、新商品開発など、様々な目的で使用することができるものなのですが、ここではターゲットのセグメンテーションをするための使い方を中心に説明することにします。

## ポジショニングマップをつくる

ポジショニングマップで気をつけたいのは、縦横軸の選定です。どのような軸にするかにより、導き出されてくる答えは全く異なったものになるからです。

【図表19　ポジショニングマップ】

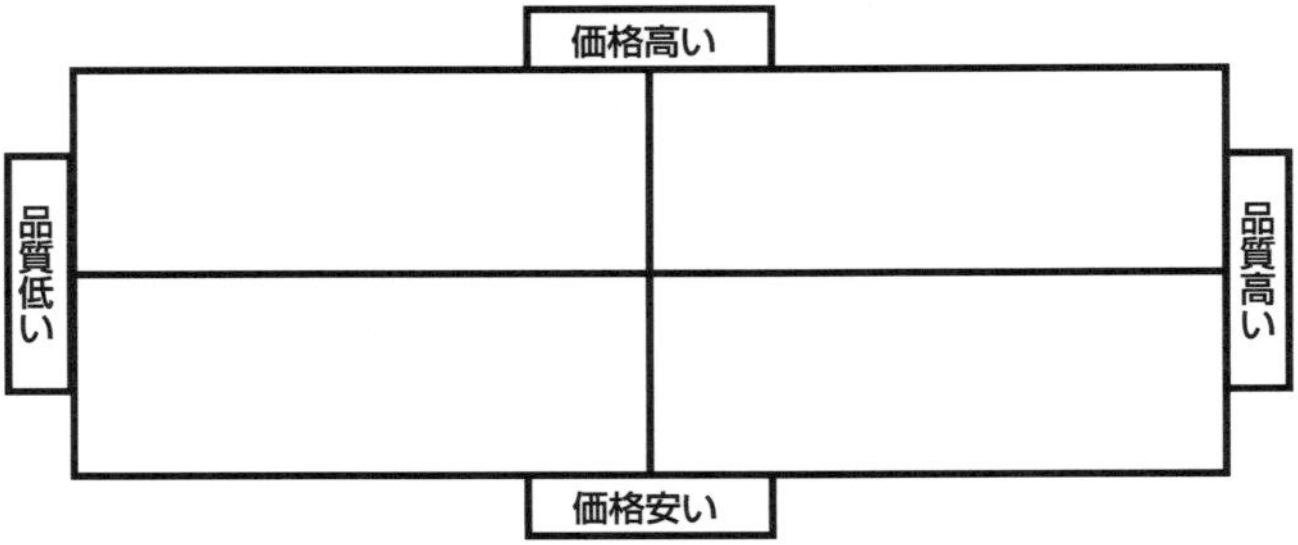


●価格×品質　●価格×こだわり　●価格×機能性
●年齢層×性別　●価格×雰囲気　●世帯年収×こだわり
●世帯年収×デザイン　●世帯年収×教育レベル
●価格×サービス　●価格×世帯年収　●世帯年収×サービス

セグメンテーションのためのポジショニングマップの縦横軸としては、次のようなものがあります。

①商品の仕様や機能に関する軸
②商品が満たすニーズやベネフィットに関する軸
③使われる用途や機会に関する軸

**①商品の仕様や機能に関する軸**

商品の仕様や機能に関する軸は、専門的になる傾向があります。そのため、商品購入層が商品知識に詳しかったり、高額商品の場合に有効な軸です。

例えば、自動車であれば、最高速度や乗車定員、燃費などです。ＰＣであれば、処理速度やＨＤ容量の大きさといったものが仕様や機能に関する縦横軸になります。

**②商品が満たすニーズやベネフィットに関する軸**

顧客が購入しているのは商品自体ではなく、それを購入することで手に入る問題解決や満足です。このことを、元ハーバードビジネススクール教授のセオドア・レビット氏は、著書「マーケティング発想法（1968年）」の中で、「ドリルを買いに来た人がほしいのは、ドリルではなく『穴』である」と表現しています。この言葉はとても有名なので、ご存知の方も多いと思います。

ニーズやベネフィットは、仕様や機能に比べると感覚的なものになってしまいがちですが、顧客が真に購入しているのはニーズやベネフィット。そのため、最も手堅いセグメンテーションができます。この視点での縦横軸は、差別化した自社商品で増加する顧客の価値で考えるようにしてください。

**③使われる用途や機会に関する軸**

商品が、どのような用途や機会で使われるかも、ポジショニングマップの軸となります。「ひとりか複数人数か」「自宅か旅行先か」「日常かイベントか」「仕事か趣味か」「都会か田舎か」などが縦横軸として挙げられます。

ポジショニングマップの2つの軸を決める際のポイントは、関連性の高い要素を縦横に設定しないようにすることです。

例えば、「価格の高低」と「性能の高低」といった要素を軸に設定すると、価格が上がれば一般

【図表20　ポジショニングマップ（縦横軸変更例）】

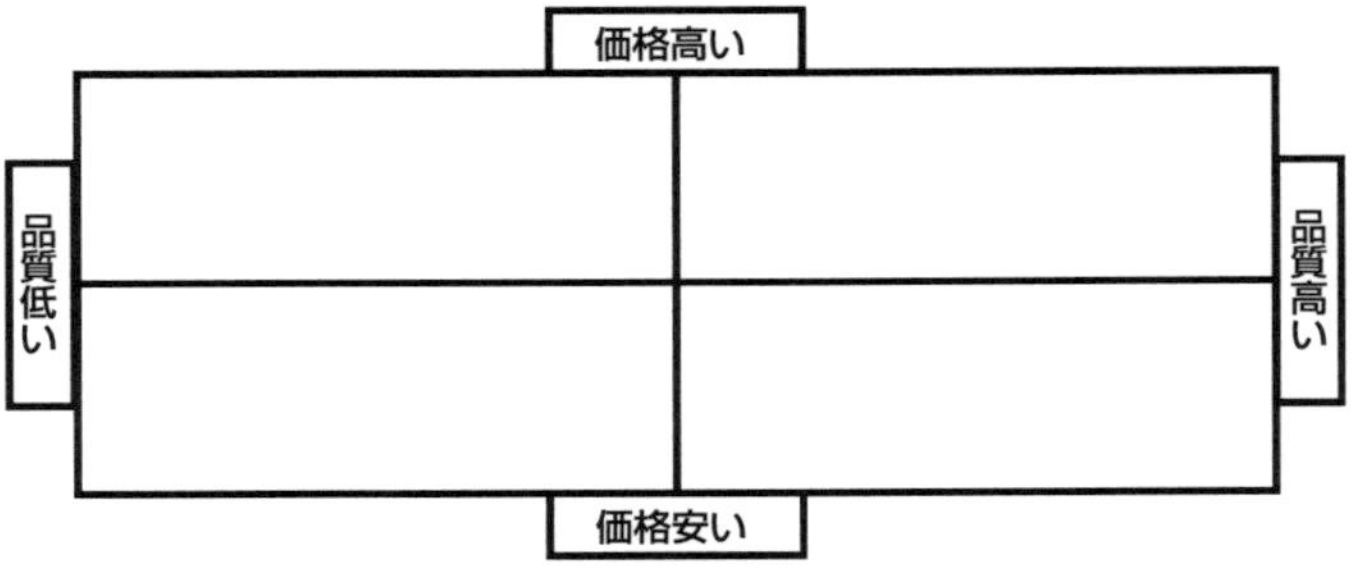


●価格 × 品質　●価格 × こだわり　●価格 × 機能性

●年齢層 × 性別　●価格 × 雰囲気　●世帯年収 × こだわり

●世帯年収 × デザイン　●世帯年収 × 教育レベル

●価格 × サービス　●価格 × 世帯年収　●世帯年収 × サービス

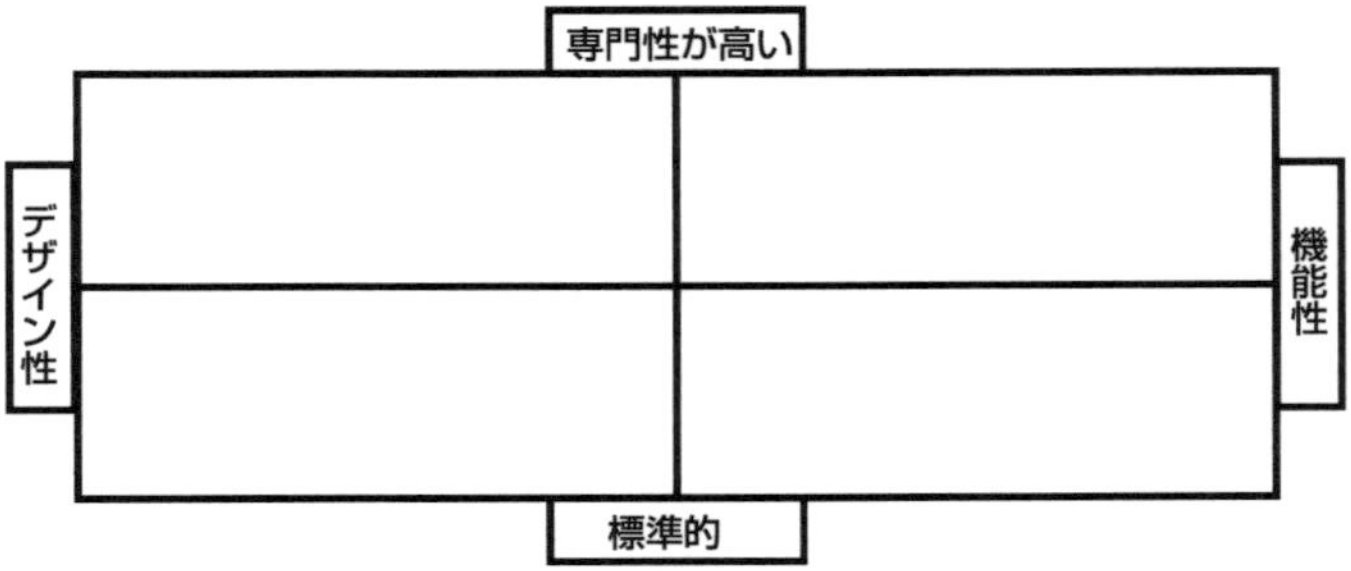

【図表 21　ポジショニングマップ（経営コンサルタントの場合）】

## ■経営コンサルタントの場合

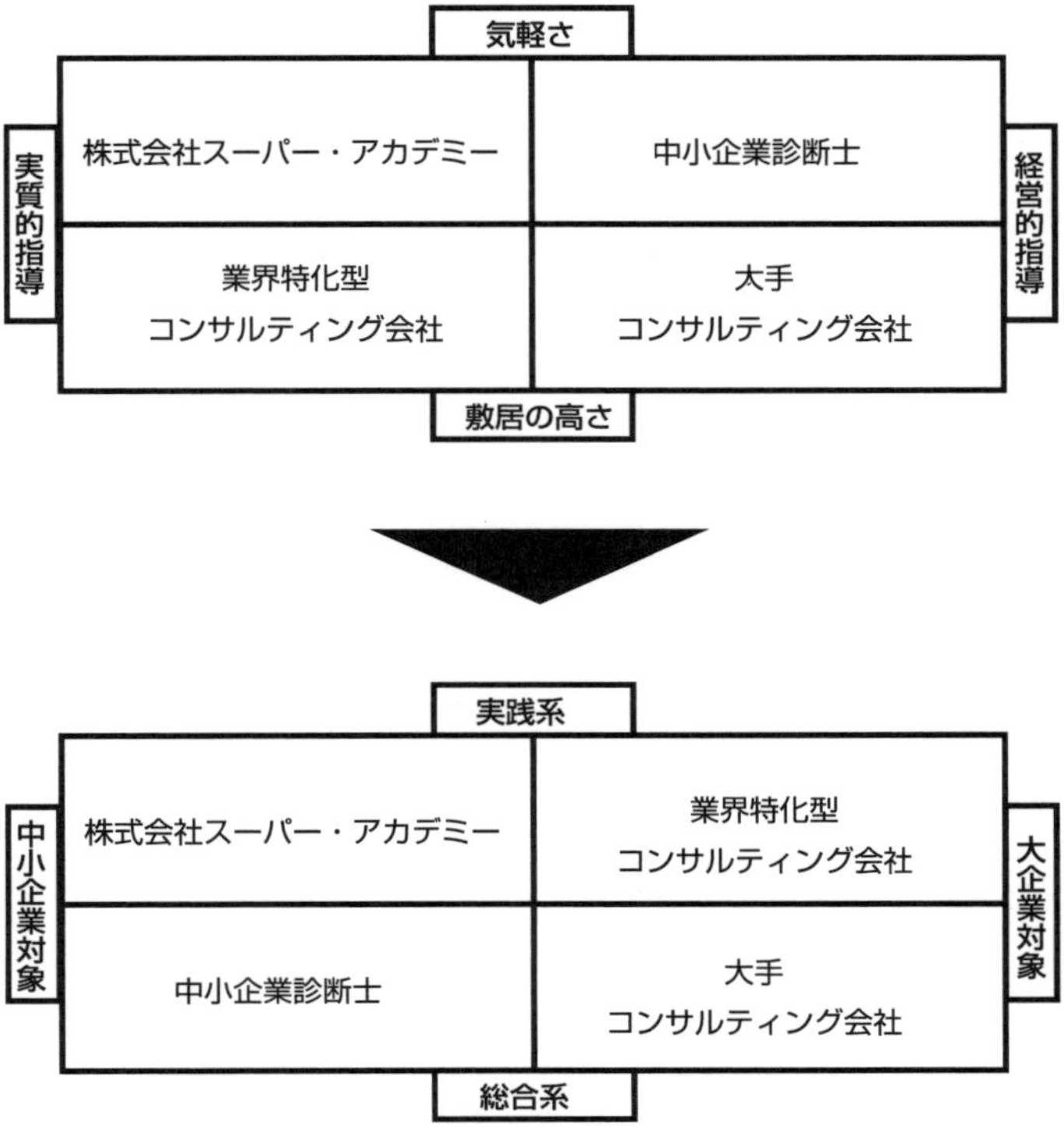

的に性能も高くなるので、右肩上がりに製品がマッピングされるだけで、差別的要素を見つけづらくなり、セグメンテーションが難しくなってしまいます。

どの軸にするのかを決めたら、その軸で、自社のポジションと、商圏内にある競合のポジションを書き込み、ポジショニングマップを完成させていきます。

ポジショニングマップで、競合と同じポジションになったとしたら、もう一度、差別化のところに戻り、別の差別化ができないかを考えるようにしてください。

## 4　ペルソナを決める

ポジショニングマップに落とし込み、競合と差別化できるポジションを取れたら、次に「ペルソナ（persona）」を設定していきます。

ペルソナは、「仮面」や「人格」といった意味の言葉ですが、マーケティングでは、サービスや商品の典型的なユーザー像のことを指します。

補足をしておくと、一般的にターゲットは、商品やサービスの対象となるユーザー像を年齢や性別といった属性で絞り込んだものです。

一方、ペルソナは、実際にあたかもその人物が実在しているかのように、年齢、性別、居住地、職業、役職、年収、趣味、特技、価値観、家族構成、生い立ち、休日の過ごし方、ライフスタイルなど、具体的なリアリティのある人格を肉付けしたもののことを言います。

つまり、より深く詳細にターゲットの人物像を設定したのが「ペルソナ」なのです。ターゲットとペルソナは類似しているものの異なるものとして解説されることが多いですが、本書では「ターゲット＝ペルソナ」と定義します。それは、ユーザー層をより明確に視覚化したほうが、ユーザーのニーズを正しく理解し、適切なメッセージを届けることができるようになるからです。

## 消費行動は営みの中にある

当然のことですか、どんな商品やサービスであったとしても、消費は、ユーザーの「日々の営み」の中で行われています。これは、顧客が法人でもエンドユーザーでも同じです。

ユーザーが、その営みの中で、どんな喜びを切実に求め、どんな問題に悶え苦しみ、どんなことに憤りを感じているのか。そして、どのような場面で、それらのニーズを満たすための行動を起こすのか。明確にユーザー像を視覚化したほうが、そういった日常を把握することができ、より適切なメッセージを届けることができるようになるのです。

例えば、女性向けの化粧品を販売する際、「30代、女性、主婦、働いている」といった属性だけを設定したとします。しかし、これだけでは、少し漠然としているので、そのユーザーが日々の営みの中で、何を考え、何を求め、どんなときに行動を起こしているのかを思い浮かべることは難しいですよね。

性格、趣味、子どもの年齢、勤務時間、職種、ライフスタイルといった定性的な情報を肉付けしていくことで、あたかも実在するような人物像にまで絞り込んでいく。

同じ「30代」でも、子どもがいる人といない人では、何にお金をかけるのかの価値観は違うし、同じ「働いている女性」でも、始業時間が8時と10時では、朝、化粧にかけることができる時間は違ってきます。

それらの違いによって、求める喜びや解決したい問題は異なるので、当然、ＫＢＦ（Key Buying Factor：購買決定要因）も違います。

ペルソナを考えることで、ユーザーの営みをイメージしやすくなり、より心に響くメッセージを届けることができるようになるのです。

## ペルソナを設定する

ペルソナは、次のような流れで設定していきます。

### ステップ①／ターゲットに関する情報を集める

ユーザーインタビューやアンケートを行ったり、Ｗｅｂサイトのアクセス解析などのデータを分析し、ユーザーに関する情報を集めます。また、Ｗｅｂ上に公開されている市場調査のデータも参考になります。

**ステップ②／ユーザーに関するデータを分類**

ユーザーの特徴的な考え方や思考、生活スタイルなどを書き出し、関連性が高い項目をまとめます。

**ステップ③／データをまとめてひとりのユーザー像に落とし込む**

グルーピングの作業を行って、ターゲットユーザーの輪郭が見えてきたら、更に詳細な属性やライフスタイルの情報を加え、人物像を明確化し、具体的なひとりのユーザーとして浮かび上がらせます。

ここでのポイントは、ペルソナは「ひとりの人物像」まで絞るという点です。

漫画「ジョジョの奇妙な冒険」の作者の荒木飛呂彦氏は、作品に登場するキャラクターの詳細な性格や特徴、価値観、経歴、嗜好などをホワイトボード一面に書き出し、グルーピングをしてノートにまとめているのだとか。その中には、実際の漫画には描かることのないバックストーリーもたくさん含まれているそうです。

ちなみに、ひとりの作者が個性を描き分けることができる人物像は7名前後ほどと言われています。ところが、「ジョジョの奇妙な冒険」には、数えきれないほどたくさんのキャラクターが登場するのですが、どの人物も個性的で魅力的だと高く評価されています。

荒木飛呂彦氏は、ペルソナをまとめたノートを見ることで、この性格、特徴、価値観、経歴、嗜好、バックストーリーを持った人なら、こう考えて、こんな行動を起こすはずだとイメージすることで、魅力的なキャラクターを描き分けているのです。

同じことが、販売をするときにも言えます。

ユーザー像を明確化していき、ひとりの人物像にまで絞り込むことで、「佐藤さんなら、どう考えるだろう」と、よりユーザーの視点に立った思考ができるようになり、魅力を感じるメッセージをつくることができます。

これが、ターゲティングをする最大のメリットと言っても過言ではありません。どんなにたくさんの情報を発信したとしても、それが、顧客に刺さらなければ魅力を感じていただくことはできません。

ターゲットをペルソナまで絞り込むことは、一見、販売の機会を減らすことのように感じるのですが、実は顧客の獲得の可能性を広げることになるのです。

「ステップ②ターゲットに関するデータを分類」で行う、ユーザーの特徴的な考え方や思考、生活スタイルなどの書き出しは、図表22を参考にしていただければ、簡単に洗い出すことができますので、ぜひ活用してください。

## 【図表 22　ペルソナを設定する】

※ユーザー視点で意思決定ができ、よりピンポイントにターゲットに響くものが何か理解できるようになります。また担当者の間での認識の擦り合わせが簡単になります。

**1.ターゲットに関する情報を集めます。**

ユーザーインタビューやアンケート、また、WEBサイトのアクセス解析などのデータ分析や公開されている調査データを活用。

**2.ターゲットに関するデータを分類します。**

「ユーザーの特徴的な考え方や思考、生活スタイル」などを書き出し、関連性が高い項目をまとめていきます。

**3.データをまとめて一人の顧客像に落とし込みます。**

グルーピングの作業を行って、ターゲットユーザーの輪郭が見えてき、さらに詳細な属性や生活スタイルなどの情報を加え、人物像をはっきりさせ、具体的な一人のユーザーとして浮かび上がらせます。

| | | | |
|---|---|---|---|
| 年齢 | 歳 | 性別 | 男性　女性 |
| 居住地 | | 役職 | |
| 職業 | | 業種 | |
| 大学・学部 | | 最終学歴 | |
| 起床時間 | | 通勤時間 | |
| 勤務時間 | | 就寝時間 | |
| 収入 | | 外食 or 自炊 | |
| 休日の過ごし方 | | | |
| 価値観 | | | |
| 物の考え方 | | | |
| 生活での実感 | 興味がある事 | | |
| 生活での実感 | 困っている事 | | |
| 人間関係 | 恋人　配偶者　子供　家族構成 | | |
| 貯蓄性向 | | 趣味 | |
| スポーツ | | ネットの利用時間 | |
| 興味 | インドア or アウトドア・友人間の流行 | | |
| 利用デバイス | | 流行への感度 | |
| 今の課題感 | | 商品選ぶ基準 | |
| 挑戦したい事 | | | |

## 【図表 23　ペルソナの設定例】

| | | | |
|---|---|---|---|
| 年齢 | 40　歳 | 性別 | 男性（○）　女性 |
| 居住地 | 東京都世田谷区 | 役職 | 代表取締役 |
| 職業 | 会社経営 | 業種 | ソフトウェア開発 |
| 大学・学部 | 慶應義塾大学経済学部 | 最終学歴 | 大学卒業 |
| 起床時間 | 8:00 | 通勤時間 | 9:30 ～ 10:00 |
| 勤務時間 | 10:00　～　18:00 | 就寝時間 | 深夜　2:00 |
| 収入 | 2000 万円 | 外食 or 自炊 | 外食（毎日会食） |
| 休日の過ごし方 | ゴルフの後、友人のお酒 | | |
| 価値観 | 高級志向　希少性の高いものに惹かれる。限定品に弱い。 | | |
| 物の考え方 | 新しいもの好きではあるで、買った時点で満足するタイプ。 | | |
| 生活での実感 | 興味がある事　最近購入した都心のタワーマンションで過ごすこと。 | | |
| 生活での実感 | 困っている事　交友関係は広いが信頼できる友人が少ない。 | | |
| 人間関係 | 恋人　無し　配偶者　1 人　子供　0 人　家族構成　妻と小型犬 | | |
| 貯蓄性向 | 海外不動産投資 | 趣味 | スポーツカー |
| スポーツ | マリンスポーツ | ネットの利用時間 | 12 時間 |
| 興味 | インドア or アウトドア・友人間の流行　暗号資産の投資とアービトラージ | | |
| 利用デバイス | ノート PC と iphone | 流行への感度 | すぐに取り入れたい |
| 今の課題感 | 個人資産を増やしたい | 商品選ぶ基準 | 高級品、ステータス |
| 挑戦したい事 | 新しい会社を創って IPO か MBO したい。 | | |

| | | | |
|---|---|---|---|
| 年齢 | 40　歳 | 性別 | 男性（○）　女性 |
| 居住地 | 東京都世田谷区 | 役職 | 代表取締役 |
| 職業 | 会社経営 | 業種 | ソフトウェア開発 |
| 大学・学部 | 慶應義塾大学経済学部 | 最終学歴 | 大学卒業 |
| 起床時間 | 6:00 | 通勤時間 | 7:00 ～ 8:00 |
| 勤務時間 | 8:30　～　18:00 | 就寝時間 | 24:00 |
| 収入 | 1200 万円 | 外食 or 自炊 | 外食中心 |
| 休日の過ごし方 | 友人と趣味のゴルフか釣り | | |
| 価値観 | 品質の良いものをなるべく安く（価格ではなく品質重視） | | |
| 物の考え方 | 新しいもの好きではあるが、大切に長く使うタイプ | | |
| 生活での実感 | 興味がある事　一戸建ての価格。都心に住むか、郊外に住むか？ | | |
| 生活での実感 | 困っている事　今後の親の介護と仕事、家庭の両立 | | |
| 人間関係 | 恋人　無し　配偶者　1 人　子供　2 人　家族構成　妻と長男（小6）、長女（小3） | | |
| 貯蓄性向 | 国内株式 | 趣味 | ゴルフと釣り |
| スポーツ | ジョギング | ネットの利用時間 | 12 時間 |
| 興味 | インドア or アウトドア・友人間の流行　最近ブームのキャンプに興味あり。家族で行きたい。 | | |
| 利用デバイス | デスクトップ PC | 流行への感度 | すぐに取り入れたい |
| 今の課題感 | 会社の成長 | 商品選ぶ基準 | 品質とコスパ |
| 挑戦したい事 | 新しいビジネスの開発と海外進出 | | |

ポジショニングマップでターゲット層を洗い出し、ペルソナを設定すれば、ユーザー像が明確になります。これで99％を捨て1％に絞ることができたはず。

ペルソナを設定する作業は簡単なものではありませんが、1％に絞り込むことで、より刺さるメッセージをつくることができるようになりますし、そのメッセージを効果的に伝える方法も見つけやすくなります。つまり、この後の、マーケティング活動のやりやすさも効果も全く違うものになるのです。

ペルソナの設定は、手間や時間をかけるだけの価値のある作業ですので、しっかりと行うようにしてください。

## 5　ファンクションを決定する

### ファンクショナルとは

ＴＦＣの「Target（誰に？）」が明確になったら、次に、「Function（どんな機能で）」を決定していきます。ファンクショナルとは、機能、方法、手段、メディア（媒体）などのことで、つまりは、ターゲットにどんな方法や手段を使って情報を届けるのかを決めるわけです。

差別化戦略で、顧客の認知上の価値がある商品やサービスを準備しても、その存在と価値をターゲトに伝えることができなければ、残念ながら、それはないのと同じです。

より効果的に、ターゲットに情報を伝える方法を選択することができて、初めて商品やサービスの強みや魅力を知ってもらうことができ、差別化した意味が生まれます。

## 多くの人の目に留まる＝結果が出る、ではない

少し話は飛びますが、近年、Instagramが注目を浴びています。

購買にも大きな影響を与えるプラットフォームとして、多くの会社がマーケティングに活用しているので、誰もが「Instagramで集客に成功した」といった話を一度は聞いたことがあると思います。

そのためか、私も、「うちもInstagramを始めようかと思うんです」といった相談を受けることが増えました。

Instagramは、国内月間アクティブアカウント数３３００万を誇るソーシャル・ネットワーキング・サービス（以下、ＳＮＳ）で、ストーリーズ、ライブ配信、リール、ショッピング機能、ＩＧＴＶなど、ＳＮＳの新たな楽しみ方を次々と提供し多くのユーザーを魅了しています。

相談者は、そこに情報を発信していけば、多くの人の目に留まり、商品やサービスの魅力を理解してもらえると考えているわけです。

しかし、「利用者数が多い＝多くの人の目に留まるかも」「他で成功事例がある＝自社でも結果が

出るかも」という視点でファンクション（伝達機能）を決定するのはとても危険です。

Instagramの日本の利用者は男性が43％、女性が57％。

アライドアーキテクツ株式会社が２０２０年12月に行った調査では、年代別のInstagram利用率は15～19歳は65％、20代は57・３％、30代は47・８％、40代は40・２％、50代は29・４％という結果になっています。

それに、トレンダーズ株式会社が２０２０年９月に15～49歳のＳＮＳユーザー男女８００名に行った調査では、「Instagramユーザーの利用に関するキーワードとして「トレンド／コミュニティー／価値観／感性／思い出」を挙げています。

そして、全世代を通して、一番閲覧しているのはフォローしている人の近況（62・６％）、購買に関しては、信頼している人のおすすめが1位になっています（53・４％）。

また、最近の若い世代はGoogleよりも、Instagramのハッシュタグ検索を使う人が増えているのですが、30代、40代と年齢層が上がるごとに、ハッシュタグ検索を使う人が減少していくというデータもあります。

これらの情報から導き出される答えは、20代の女性にトレンドに関する商品やサービスを訴求したいのであればInstagramは有効。しかし、50代男性にまだ認知度の低い新商品やサービスを販売するのであればInstagramは有効でない、という予測です。

インターネットが普及してから、情報を発信できるツールの数は爆発的に増えました。新たなツールが登場するたびにマスメディアなどで取り上げられて話題になり、そのツールを使ってマーケティングに成功した事例が報道されます。

そういった情報を見ていると「そのツールを使えば、うちも……」と思ってしまう気持ちもわからないでもないのですが、今の流行とか、話題になっているとか、利用者が多いとか、成功事例があるからという理由でファンクションを選んではいけないのです。

## 伝達機能はリーチ力で決める

最近では地域密着の小売業経営者でも、見込顧客にアプローチする方法としてＳＮＳを選択する人が増えています。しかし、ターゲットや取扱商品によっては、チラシのほうが有効な場合もあります。

例えば、これだけインターネットによる情報発信ツールが溢れても、株式会社ジャパネットたかたは、テレビ通販から撤退をしていません。それは、テレビが最もジャパネットたかたのターゲット層にリーチできる媒体だからです。

ピザやお寿司のような宅配系のサービスが、チラシのポスティングを止めないのも同じ理由です。集客はマーケティング戦略の中でも、最もコストのかかる部分です。だからこそ、流行かどうかとか、結果を出している会社があるかどうかで判断するのではなく、しっかりターゲットにリーチできるのかどうかで伝達機能は選ぶべきなのです。

## ６　ニーズの種類とアプローチ

### ターゲットにリーチする方法

ターゲットにリーチする方法は、大きなカテゴリーに分けただけでも、「人」「紙」「電波」「インターネット」「サイネージ」に分類することができます。

紙なら、代表的なものだけでも「折込チラシ」「ポスティングチラシ」「ミニコミュニティー誌広告」「新聞広告」「雑誌広告」「三つ折りパンフ」「ポスター」などがありますし、種類の少ない電波でも、「地上波テレビ」「ＣＳ放送」「ＡＭラジオ」「ＦＭラジオ」「地域ＦＭ」などがあります。

まさに、ターゲットへのリーチ方法は無数にあるのです。

では、どうやってたくさんある伝達機能の中から、ターゲットにリーチする方法を選べばいいのでしょうか？

よりベターな選択をするには、欲求の種類とアプローチ手法の種類を縦横軸にしたマトリクスで分類して考えると選びやすくなります（図表24）。

【図表 24　アプローチのマトリクス】

欲求の種類とアプローチ手法の種類を
縦横軸にしたマトリクスのように
分類をして考える。

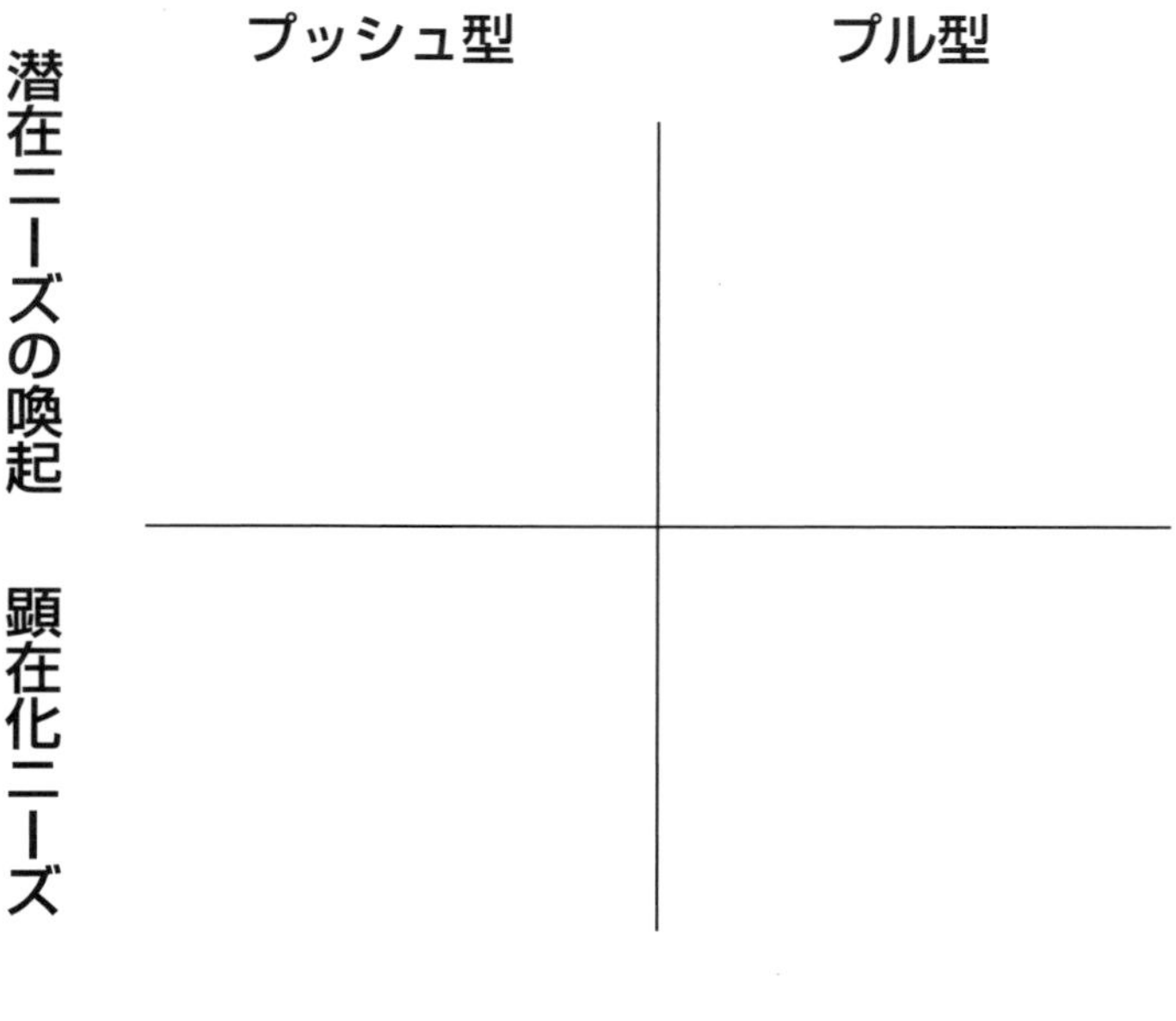

## 顕在ニーズと潜在ニーズ

人間の欲求の種類は、「顕在ニーズ」と「潜在ニーズ」に分けることができます。

顕在ニーズとは、顧客自身が欲しいモノやサービスを自覚している欲求だと解説されることが多いのですが、それに加え、顧客自身が欲しい状態を自覚している欲求も顕在ニーズに入ります。

例えば、シワ取りクリームが欲しいと自覚しているが顕在ニーズなら、いつまでも若く見られる自分でいたいと自覚しているのも潜在ニーズです。

顕在ニーズを持っている人は、自分の欲求を自覚しているので、それを満たすための行動を起こしやすい傾向があります。

一方、潜在ニーズは、顧客自身が欲しいモノやサービスを自覚してない欲求です。もちろん、顧客は自身が欲しい状態も自覚していません。そのため、自ら進んで行動を起こすことはありません。

## 潜在ニーズを顕在化する

潜在ニーズは、顧客本人が日常生活を通じて突発的に気づくこともありますが、企業のマーケティング活動のような外部からアプローチによって顕在化するのが一般的です。

例えば、スーツに見える作業着（ワークウェアスーツ）というものがあります。

これは、水道工事業を営む株式会社オアシスソリューションが開発したものなのですが、作業服を着て仕事をする業種の人は、打ち合わせや接客がある度に、作業着をスーツに着替えて対応をするのが一般的です。

自社のユニフォームのリニューアルをする際に、スーツに見える作業服があれば、いちいち着替える不便や時間のロスがなくなるのではないかとスーツに見える作業着をつくったところ、取引先を中心に「うちにも販売してほしい」との問い合わせがあったそうです。実際の商品を見ることで、潜在ニーズが顕在化したのです。

そこで本格的に販売をスタートしたところ、現在、このスーツに見える作業服は、建築、清掃、運輸など作業着をよく使う業界のみならず、介護、保育園、サイクルショップ、室内装飾など様々な職種に愛用者が増えています。

他にも、スタイリッシュな白衣、女性向けＤＩＹ用品、男性向け育児用品店、左利きグッズのお店など、顧客が持っていた潜在ニーズに気づかせたことで販売数を伸ばしている商品やお店の事例はたくさんあります。

## プッシュ型とプル型

ユーザーにアプローチする方法としては、「プッシュ型」と「プル型」があります（図表25）。

プッシュ型は、商品やサービスを提供する企業側からユーザーに対して積極的に情報発信（プッ

**【図表 25　顕在ニーズと潜在ニーズ】**

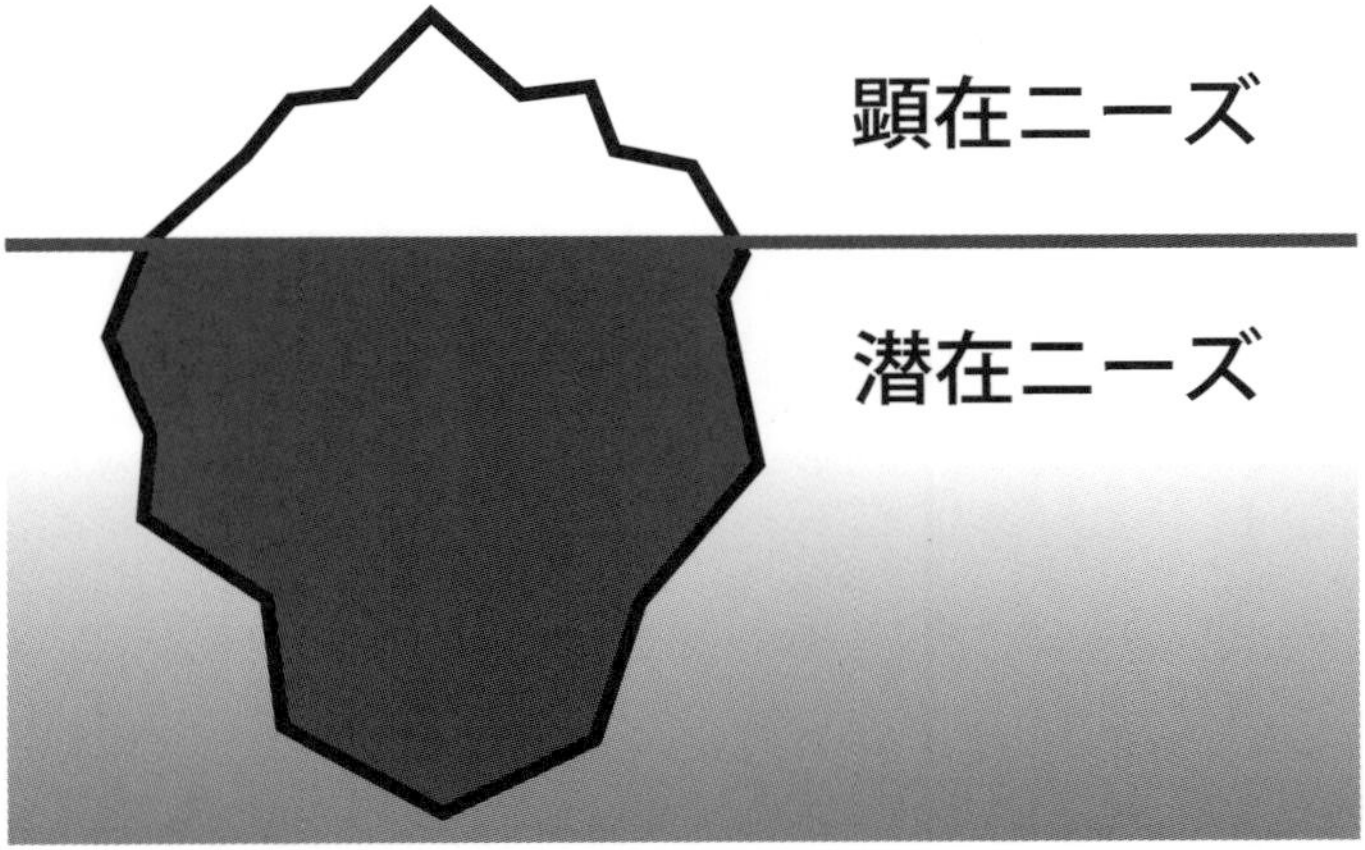


顕在ニーズは、顧客自身が欲しいモノやサービスを自覚している欲求。潜在ニーズは、顧客自身が明確に自覚していない欲求。潜在ニーズは氷山に例えると、水面下にある部分で、表面上は見えないが、確実に存在しており、顕在ニーズよりも潜在ニーズのほうが圧倒的にウェイトは大きい。

シュ）していく方法で、近年はアウトバウンドと呼ばれることもあります。

飛び込み訪問や電話営業、ダイレクトメール、新聞・雑誌広告、テレビCM、各種ネット広告、各種SNSなどが、このプッシュ型になります。

一方、プル型は、能動的に情報を探しているユーザーに対し、魅力を感じて選ばれるという、引き込む（プル）仕掛けをしておくことで、ユーザーからアクションを起こしてもらう方法です。プッシュ型のアウトバウンドに対して、インバウンドと呼ばれることもあります。

リスティング広告、SEO対策、口コミ、展示会、イベント、セミナーなどがプル型になります。

潜在ニーズと顕在ニーズの縦軸と、プッシュ型とプル型の横軸のマトリクスに代表的な伝達機能を当てはめると、図表26のようになります。

図表26を見ていただくとわかるのですが、伝達機能のマトリクス図は、左肩上がりのマッピングになります。

今、直面している問題や課題を認識していることが多い顕在ニーズを持ったターゲットは、能動的に問題や課題を解決する方法を探すので、プル型が有効です。

一方、問題や課題が認識できていない潜在ニーズの人は、企業から情報を発信することでニーズの顕在化をする必要がありますので、プッシュ型が有効になります。

このようにして、自社の商品やサービスに対するにニーズが、顕在なのか、潜在ニーズなのかに

【図表 26　アプローチのマトリクスと代表的な媒体】

潜在ニーズと顕在ニーズの縦軸と、
プッシュ型とプル型の横軸にしたマトリクスに
代表的な伝達機能を当てはめる。

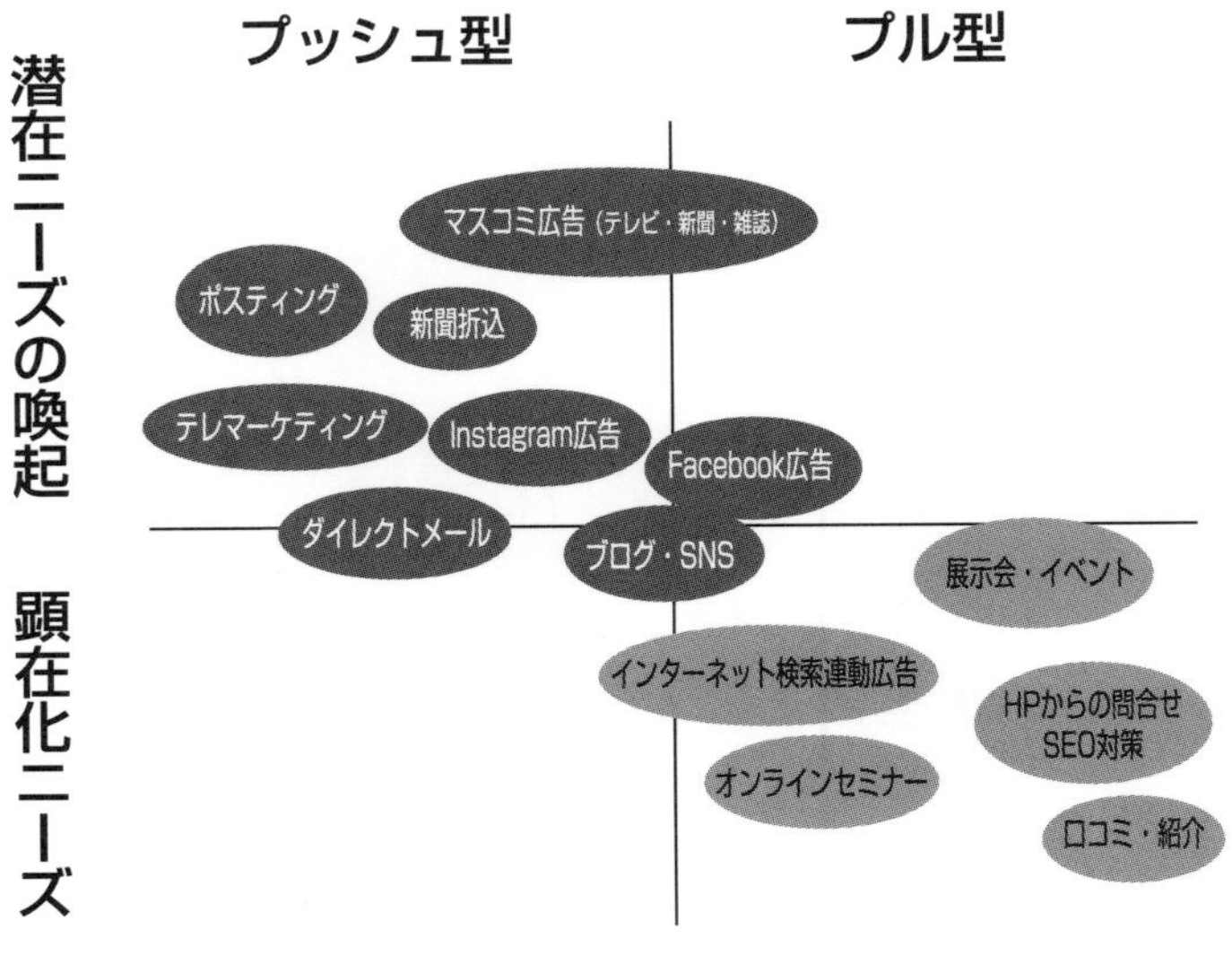

よって、プッシュなのかプルなのかを決定し、その中でターゲットに最もリーチできると考える伝達手段を選ぶのです。

## マスマーケティングとパーソナライズのマトリクス

また、どんな伝達機能を採用するのかを考える際、マスマーケティングとパーソナライズを縦軸、企業間の取引(以下、BtoB)と企業と消費者の取引(以下、BtoC)を横軸にしたマトリクスも有効です。

マスマーケティングとは、対象とする顧客のセグメントを行わず、すべての顧客を対象とした画一的なマーケティング活動のこと。パーソナライズとは、1人ひとりの属性や購買、行動履歴に基づいて最適な情報を提供するマーケティング活動です。

マスマーケティングとパーソナライズの視点でマッピングをしていくと、同じプッシュ型でも、テレビ広告や新聞広告のように不特定多数の顧客にリーチできるマスマーケティングでBtoBにもBtoCにも有効な伝達媒体だとなりますし、テレフォンマーケティングのように顧客と直接やり取りができ、ユーザーに合わせた細かな対応ができるものは、パーソナライズでBtoBに有効な伝達媒体となります。

マスマーケティングとは、「マス(mass)」が大衆を意味しているのを見ればわかるように、個別化されない「不特定多数の人々」を対象にしたマーケティング活動で、できる限り多くの人々に

【図表27　アプローチのマトリクスと代表的な媒体②】

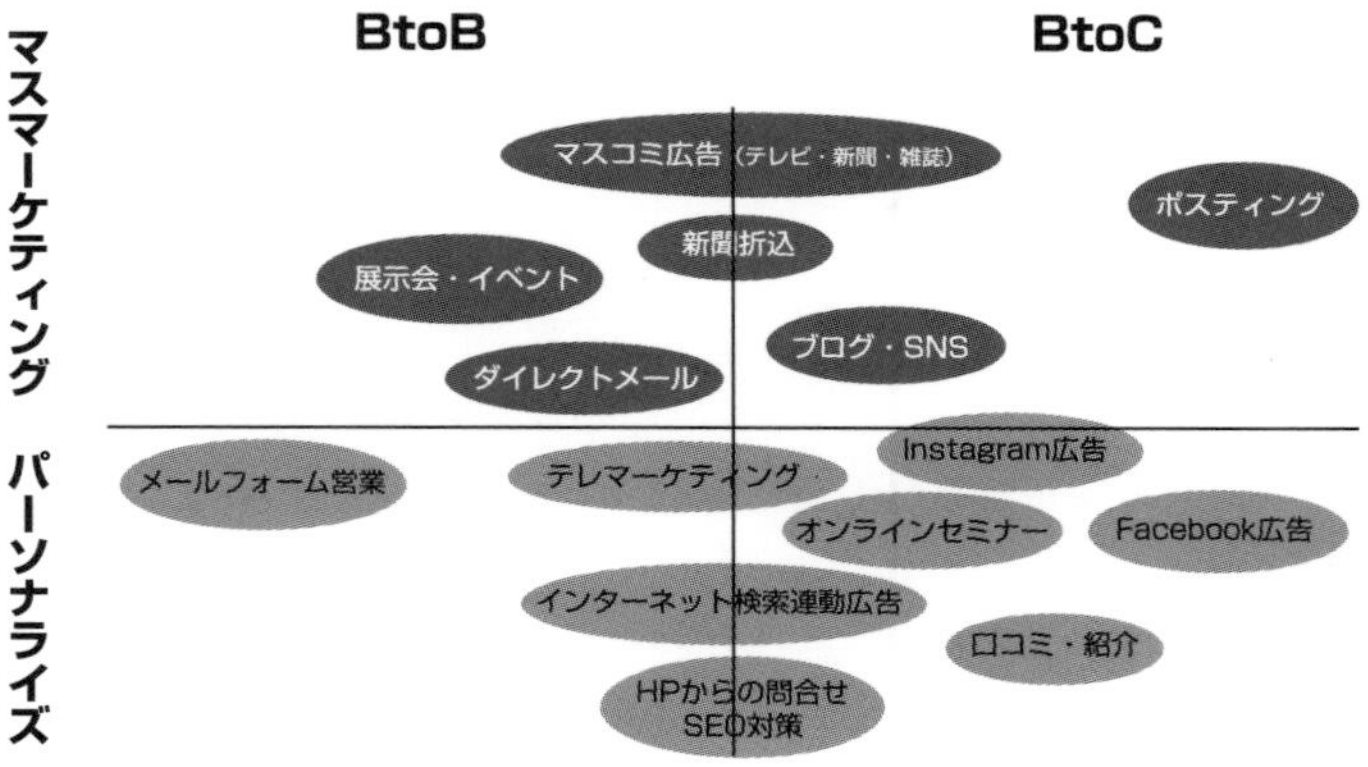


自社の商品やサービスを訴求することを目的としています。そのため、万人向けの商品を大量販売することを前提としたプロモーションに有効です。

一方、パーソナライズには、「1人ひとり（person）にあわせて変更する」といった意味があるのですが、顧客の属性や興味、趣味嗜好、行動などにあわせて、最適な情報を伝えていくのに有効です。

マスマーケティングとパーソナライズの縦軸と、BtoBとBtoCを横軸にしたマトリクスに代表的な伝達機能を当てはめた図表27を紹介しておきますので、参考にしてください。

## ファンクショナルは流行り廃りで選ばないこと

近年は顧客嗜好の細分化が進むことで、マーケティングの主流はセグメントされた顧客を対象とする方向に移っています。

マスマーケティングは、セグメントされた顧客には有効でないこと、幅広い顧客に受け入れられる商品やサービスでないと扱えないこと。それから、テレビを観ない、新聞を読まない世代が増えてきており、マスメディアの活用が難しくなってきていることなどで、マスマーケティングは有効でないという見解をよく耳にするようになりました。

しかし、例えば、地域密着の飲食店や小売業なら、いくら顧客をセグメントしたとしても、どこにその顧客がいるのかを特定することはできないので、ポスティングや新聞折込チラシなどのマスマーケティングの手法が有効になります。

確かに、時代によって社会的な傾向は変化しますが、だからと言って特定の伝達機能の効果が全くなくなるということはありません。

例えば、公衆電話や個人宅の固定電話契約の減少により、すっかりタウンページを目にすることが少なくなりましたが、それでも毎年、タウンページ広告は売れ続けている。掲出を続けている会社があるということは、業種や取扱商品によっては、広告コストに見合うだけの効果があるということなのです。

ですから、流行り廃りで判断するのではなく、潜在ニーズと顕在ニーズが縦軸のマトリクスと、マスマーケティングとパーソナライズが縦軸のマトリクスの両方の視点でマッピングし、ターゲット層にアプローチできる伝達機能を選ぶようにしましょう。

# 7　ビジュアライゼーション

## ターゲットに情報を伝える手段

「Target（誰に？）」と「Function（どんな機能で）」が明確になったら、最後に、「Contents（どんな表現で？）」を決定していきます。

経済学者のピーター・F・ドラッカー氏は、著書エッセンシャル（エッセンシャル版）の中で、「コミュニケーションを成立させるのは受け手である」と述べています。

そして、受け手のストライクゾーンは、意外に狭く、「自分が望んでいる（期待している）情報」を、「自分の気持ちや欲求に合わせ」て、「自分が理解できる言葉」で伝えられたときにのみ、その情報を受け取るというのです。

私も広告代理店時代に、チラシをポスティングし、「1万枚も配ったのだから、せめて何人かは反応があるだろう。ましてや0なんてあり得ない」と思っていましたが、受け手に伝わらなければ、何枚配ろうと反応を得ることはできません。

ターゲットに伝える表現を決める際、是非、このことを押さえて考えるようにしてください。

さて、一般的に、ターゲットに情報を伝える手段としては、「ビジュアライゼーション」「ライティング」「セールストーク」の3つがあります。

**ビジュアライゼーション**

ビジュアライゼーションとは、もともと人間が直接「見る」ことのできない現象や事象、関係性を、「見る」ことのできる、画像、グラフ、図、表などにすることで、可視化、視覚化、可視情報化、視覚情報化と表現されることもあります。

マーケティングでは、目に見えないものだけでなく、目に見える商品などの情報を伝えることもビジュアライゼーションに含まれます。

ビジュアライゼーションは、ターゲットの心理状態に変化を与えるのにとても有効です。

例えば、湯気が立ち上るような熱々の料理や、美味しそうな食材を並べて可視化して写真で伝えると、「食べてみたい」という心理になります。このようにビジュアライゼーションを行うことで、「この欲求を実現したい」といった気持ちを強くすることができるのです。

**ビジュアライゼーションの種類**

近年、SNSの普及により、ビジュアライゼーションは、マーケティングに欠かせない情報伝達手段になっていますが、種類としては次のようなものがあります。

**・インフォグラフィック**

情報、データ、知識を視覚的に表現したもので、伝えたい情報を素早く簡単に表現したい場面で用いられます。標識、地図、報道、技術文書、教育などの場面でよく使用される他、計算機科学や数学、統計学でも、概念的情報をわかりやすく表現するツールとして用いられることが多いです。

**・ピクトグラム**

グラフィックシンボルの典型で、意味するものの形状を使って、その概念を理解させる記号です。ピクトグラムの和訳は「絵文字」、あるいは「絵ことば」で、ＩＳＯの公用語では「図記号」とされています。

**・フォトグラフィック**

写真のことで、最も一般的に活用されるビジュアライゼーションです。いわゆるシズル感のある目にした瞬間に美味しさや美しさなどが伝わるフォトグラフを用いることで、購買意欲を刺激することができます。

**・シネマグラフ**

画像の一部のみに動きを取り入れている動画です。

通常の動画は画面全体に動きを感じることができますが、シネマグラフでは全体的に止まって見える画像の一部分だけが動いて見えることが特徴です。

【図表28　ビジュアライゼーション】

■インフォグラフィックとピクトグラム

インフォグラフィック⬇

⬆ピクトグラム

■シネマグラフ

⬆

一枚絵のようだが、グラスに注がれるワインの
部分だけ動いて延々と注がれている

## 単純接触効果とＳＮＳ

単純接触効果とは、心理学の用語で、繰り返し接すると好意度や印象が高まるという効果で、接触回数と好感度は比例するとされています。１９６８年、アメリカの心理学者ロバート・ザイアンスが論文にまとめたことで知られるようになりました。

例えば、写真の彼女たちは、Instagramを使って何かを販売しようとしているわけではありません。単に、自分や自分のライフスタイルを発信したいだけなのです。

しかし、Instagramを通して何度も彼女たちに接することで、ユーザーたちは彼女たちに好感を持ち、彼女たちが使っている商品や、食べているものを欲するようになります。このような効果が単純接触効果にはあるのです（図表29）。

ＳＮＳは、無料で使うことのできる便利な媒体です。

ほとんどのＳＮＳはビジュアライゼーションを投稿でき、ライティングでは訴求しづらい商品やサービスの魅力を伝えることができます。しかも、売込みをしなくても、単純接触効果で商品やサービスに対する欲求も高めることができる。上手く活用すれば集客や顧客フォローで絶大な効果が期待できるのです。

しかし、ビジュアライゼーションを活用しさえすれば、低コストで効果的なマーケティングができるのかというとそうではありません。どんなに素晴らしい情報でも、ターゲットの目に留まらな

【図表 29　インスタ投稿例】

ければ、その情報はないのと同じだからです。

ちなみに、現代人が1日に受け取る情報量は、江戸時代の1年分、平安時代の一生分とも言われています。あるデータによると、この10年だけでも、人々の受け取る情報量は500倍以上も増えているのだとか。

しかし、人間の脳の情報処理能力は、10年で500倍も上がっているわけではありません。そのため、現代人は、情報のあまりの多さに対応しきれずにいるのです。

洪水のように溢れる中で、ターゲットにその情報を認識してもらうには、ビジュアライゼーションの内容だけでなく、SNSを含めたどんなファンクショナルを使って発信していくのかを熟考し、決定していく必要があります。

## 8　ライティング

### USPとは

溢れる情報の中から、ターゲットにピックアップしてもらうのに欠かせないのが、USP（Unique Selling Proposition）です。

USPは、商品やサービスが持っている「独自の強み」と説明されることが多いのですが、それ

## 【図表 30　我が国のブロードバンド契約者のトラヒック】

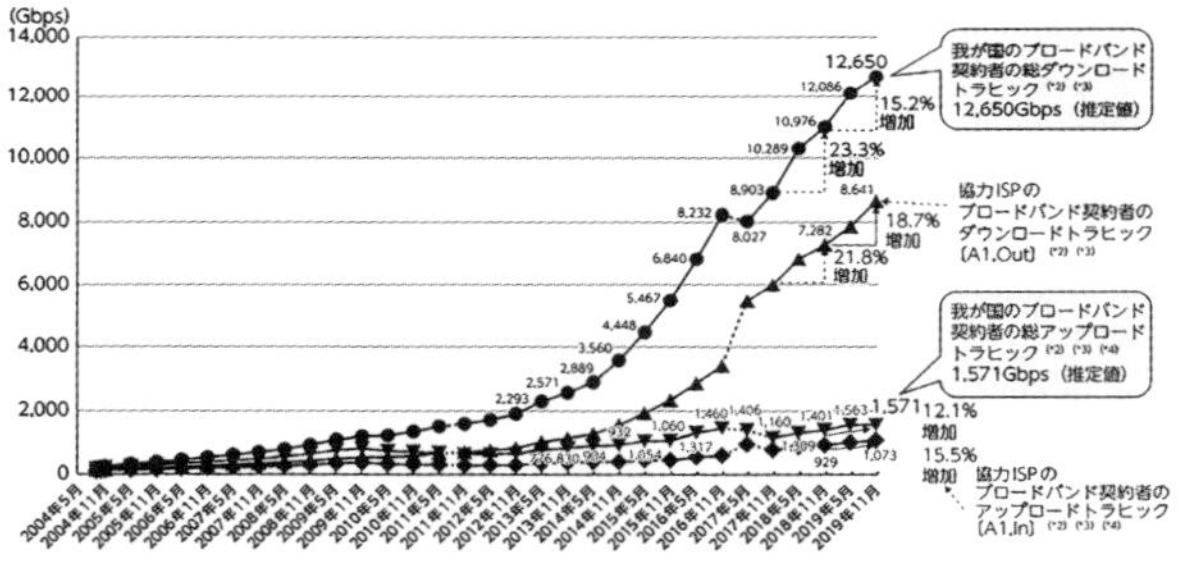


(*1) FTTH、DSL、CATV、FWA
(*2) 2011年5月以前は、一部の協力ISPとブロードバンドサービス契約者との間のトラヒックに携帯電話網との間の移動通信トラヒックの一部が含まれていたが、当該トラヒックを区別することが可能となったため、2011年11月より当該トラヒックを除く形でトラヒックの集計・試算を行うこととした。
(*3) 2017年5月より協力ISPが5社から9社に増加し、9社からの情報による集計値及び推定値としたため、不連続が生じている。
(*4) 2017年5月から11月までの期間に、協力事業者の一部において計測方法を見直したため、不連続が生じている。

出所（財務省「我が国のブロードバンド契約者の総トラヒック」）

我が国におけるデータ流通量は、急激なデジタル化の進展とともに拡大しつつある。
総務省がとりまとめている2019年11月分のデータ1によると、我が国のブロードバンド契約者の総ダウンロードトラヒックは約12.7Tbpsに達しており、1年間で15.2%増加している。
また、同データによると、総アップロードトラヒックは1,500Gbpsを越え、1年間の伸びは12.1%となっている。

は正しい意味ではありません。Proposition は「提案」なので、「ユニークな販売提案」が正しい定義になります。つまり、単なる強みの提示ではなく、その強みがあることで、「顧客に対して、自社だけが提案できる利益」こそがＵＳＰで伝えることなのです。

ＵＳＰは、１９６０年代にアメリカのコピーライターであるロッサー・リーブスによって提唱されたものですが、50年以上経った今でも重要な概念としてマーケティング活動の中心部分にあります。社会の情報化が進み、ターゲットが受け取る情報が急増する中で、今や、ＵＳＰなしでマーケティング活動は行えないと言ってもいいほど重要なものになっています。

## ＵＳＰをつくるときに考えておくこと

効果的なＵＳＰをつくるためには、次のような項目を考える必要があります。

Ａ　自社の商品やサービスは、どんな人が使うのか？
Ｂ　自社の商品やサービスは、どんな場面で利用されるのか？
Ｃ　なぜ、それらは他社の商品やサービスではいけないのか？
Ｄ　なぜ、顧客は自社の商品やサービスを使わなければいけないのか？
Ｅ　自社の商品やサービスは、どんなベネフィットを顧客にもたらすのか？

ターゲットが、メリットとベネフィットのどちらに魅力を感じるのかは、商品やサービスによって異なりますが、顧客が最終的に購入しているのはベネフィットなので、ＵＳＰをつくる際は、ベネフィットを意識したほうがいいでしょう。また、ベネフィットを打ち出すことには、潜在ニーズを顕在化することができるという利点もあります。

例えば、差別化をしづらい職業の１つにポスティング会社があります。

ご存じのように、チラシやビラなどを直接ポストに投函する業種なのですが、基本的には、誰が配ったとしても結果に違いはありません。そのため、どうしても価格競争になりやすいのです。

これは、私が広告代理店を経営していた頃の事例なのですが、それまで「ポスティングをしませんか？」という営業トークだったのを、「チラシのコンバーション率を最適化しませんか？」というＵＳＰに変更しました。

サービス内容としては、同じ配布エリア内に、２種類の異なるデザインのチラシをランダムに配布してＡＢテストを行い、反響がよかったチラシを更にブラッシュアップして、２種類のチラシをつくり、再度、ＡＢテストを行うというものです。

これを「『ＡＢテスト→ブラッシュアップ→再配布』を、合計で３回行うため、デザイン、印刷、配布が、すべて込み込みでこの金額でできます」というトークにすると、契約数が飛躍的に増えたのです。

実は会社では、ＵＳＰを変える以前も、同じ内容のＡＢテストを行う配布サービスを行っていました。ところが、それまでは、商談の際に商品パッケージの1つとして説明していたので、商談するまで顧客はその配布サービスの存在を知ることができなかったのです。

この商品を前面に持ってきて、それを、「チラシを配りませんか？」から、「チラシのコンバーション率を最適化しませんか？」に変更しただけで、なぜ契約数が飛躍的に伸ばすことができたのでしょうか。

それは、ポスティングを利用する多くの企業が、「自社の代わりにポスティングをしてくれる」というメリットではなく、「顧客をひとりでも多く獲得したい（売上を増やしたい）」というベネフィットを求めていたからです。そのベネフィットをＵＳＰとして伝えることで、顧客に興味を持ってもらうことができたのです。

## ＵＳＰをつくる

魅力的なＵＳＰをつくるには、まず、自社の強みを洗い出します。

次のように、企業の強みを書き出してください。

①独自性、希少性を軸に強みを書き出す
②機能性、デザイン性を軸に強みを書き出す
③こだわり、思い入れを軸に強みを書き出す

【図表 31　自社製品の USP を明確化する】

自社の強みを書き出す
①独自性・希少性を軸に強みを書き出す
②機能性・デザイン性を軸に強みを書き出す
③こだわり・思い入れを軸に強みを書き出す
④価格優位性を軸に強みを書き出す
1
2
3
4
5
6
7
8
9
10
11
12
13
14
15
16
17
18
19
20
21
22
23
24
25
ＵＳＰを組み合わせる
①独自性＋②機能性
①独自性＋③こだわり
①独自性＋④価格優位性
②機能性＋③こだわり
②こだわり＋④価格優位性
③機能性＋④価格優位性
USP・独自性

④価格優位性を軸に強みを書き出す

①～④を、それぞれ別のシートに書き出し、そこから、強み同士を組み合わせます。

これは、1つの強みでは、ターゲットに魅力を感じていただくのは難しくても、2つの強みが組み合わさると独自性が生まれ、魅力的になるからです。

強みの組み合わせの例は、次の通りです。

①独自性＋②機能性

①独自性＋③こだわり

①独自性＋④価格優位性

②機能性＋③こだわり

②機能性＋④価格優位性

③こだわり＋④価格優位性

最後に、①②③④の要素を組み合わせて、USPを文章（言語化）にしていきます。

この際、グーグル広告（グーグルが提供している検索連動型広告配信サービス）の文字数を意識して作成すれば、すぐに使うことができますし、USPのABテストも簡単に行うことができます。

明確化したUSPは、そのまま使ってもいいですし、もっと精度の高いものにするのであれば、その2つの強みがあることで、ターゲットにどのようなベネフィットがあるのかを考えて、ベネ

## 【図表32　USPをGoogle広告の文字数で作成してみる】

広告見出し１ 全角15文字 半角30文字

広告見出し２ 全角15文字 半角30文字

広告見出し３ 全角15文字 半角30文字　広告見出し３は、表示されない場合もあります。

説明文１　全角45文字　半角90文字

説明文２　全角45文字　半角90文字

フィットに重点を置いたＵＳＰを再考します。

## 9　ＰＡＳＯＮＡの法則と8つのエレメント

反響のあるライティングやセールストークをつくるのに押さえておきたいのが、ＰＡＳＯＮＡの法則。これは、マーケッターの神田昌典氏により提唱されたもので、ＤＭを含むセールスレターから、ランディングページなどのＷｅｂ広告で活用されているダイレクトマーケティングのライティング手法です。

ＰＡＳＯＮＡ（パソナ）の法則は、「Problem（問題）」「Affinity（親近感）」「Solution（解決策）」「Offer（提案）」「Narrowing down（絞り込み）」「Action（行動）」の頭文字をとったもので、この順番で情報を伝えていくことで、購買を促させることができるメッセージをつくることができます。

### ＰＡＳＯＮＡの法則

では、ＰＡＳＯＮＡの法則の各パートについて説明させていただきます。

**・Problem（問題）**

ユーザーが抱えている悩みや欲求を提起します。

例：ダイエットで、こんな失敗をした経験はありませんか？

・Affinity（親近感）

問題の中身を掘り下げつつユーザーに共感します。

例：忙しい毎日の中で運動をする時間を取るのは難しいですし、食事制限をすると集中力がなくなって仕事の効率が下がってしまいます。もっと手軽にできるダイエットはないのでしょうか？

・Solution（解決策）

問題を解決できる具体的方法を提示します。

例：今、忙しいセレブの間で話題になっている腸活サプリメント。食後に痩せ菌を取るだけで、運動なし、食事制限無しで、月に５kg以上痩せた人もいます。

・Offer（特典）

解決策を導入してもらうための提案をします。

例：今なら1か月分のボトル５０００円を、送料込みの１０００円でお試しいただけます。

・Narrowing down（絞り込み）

期間を絞り込み、今すぐ購買すべき理由を示します。

例：ただし、大人気の商品のため、この特別キャンペーンは1か月のみ

・Action（行動）
行動してもらうための呼びかけをします。
例：今すぐ、申し込みフォームからお申し込みを

## PASONAの法則と８つのエレメント

私は、このＰＡＳＯＮＡの法則をベースに、反響を高める８つのエレメントに沿って情報を伝えていくことを推奨しています（図表33）。これは、広告代理店時代に、様々な業種の広告を作成する中で試行錯誤をした結果、この要素と順番で情報を伝えていくのが、反響が一番よかったからです。
それに、この流れでつくった文章は、セールスレターやランディングページだけでなく、プレゼンからテレアポトーク、セールストークまで、様々な場面で活用することができます。

**【図表33　ＰＡＳＯＮＡの法則と８つのエレメント】**

①Problem（問題）：注目をさせ感情を呼び起こす
②Affinity（親近感）：共感から興味喚起を行う
③Solution（解決策）：問題の解決方法の提示
④Evidence（証拠・根拠）：信用材料の提供

⑤User Voice（お客様の声）：利用者の声
⑥Offer（特典）：効果的なオファー
⑦Narrowing down（絞込）：納得できる限定の提示
⑧Action（行動）：具体的な行動指定

これを、それぞれの頭文字をとって、少し長い名称になりますが、ＰＡＳＥＵＯＮＡと呼ばせていただきます。

では、ＰＡＳＥＵＯＮＡの各パートについて、見ていきましょう。

## ①Problem（問題）：注目をさせ感情を呼び起こす

心理学では、人間の行動の源泉は「痛みの回避」と「快楽の追求」の2つだとされています。つまり、問題解決がされるときと、喜びや楽しみがあるときにだけ人間は行動を起こすのです。

ただ、喜びや楽しみがない、もしくは不足しているというのも問題を抱えている状態なので、すべての行動の源泉は問題解決にあると言ってもいいと思います。

人間はたくさんの問題を抱えて生きています。しかし、普段の営みや仕事の中で、その問題に蓋をしながら生きているのです。問題定義をすることで、自分が抱えている問題に気づかせ、解決しなければという感情を呼び起こすのが、このパーツになります。

顕在ニーズと潜在ニーズのどちらに働きかけるのか。また、取扱商品やサービスの認知度、価格帯などによって、どんな問題提示をするのかは違ってきますが、例えば、「事務用品で、これからも無駄なコストを使い続けますか？」と問題提示をされると、「うちで購入している事務用品って、もしかして高いのだろうか？」と問題意識を掘り起こすことができます。

また、「好きなものを食べて楽々ダイエット！」というのを見れば、これまで食事制限が苦しくてダイエットができなかったユーザーは、「自分がダイエットできなかったのは、苦手な食事制限をしていたからだ」という問題意識を持つようになります。

Problemは、チラシやセールスレター、ランディングページでは、いわゆるキャッチコピーに当たる部分になります。

### ②Affinity（親近感）：共感から興味喚起を行う

このパーツのポイントは、「共感」や「肯定」を通して、問題意識の増大を計ることです。

人間は、自分のことを理解してくれる人や自分と同じ境遇や立場の人に共感し、親近感を持ちます。

例えば、「こんなことにお困りですよね」といった感じで自分が抱えている問題を明確に言い当てくれる存在や、「私も以前、同じ問題を抱えていたのでよくわかります」という存在に共感するわけです。

また、問題を解決できていないことを肯定してあげても、親近感を持ってもらえます。「痩せられないのは努力が足りないからだ！」より、「仕事をしていたら食事制限も難しいし、ジムに行く時間を取るのも難しいですね」のほうが、親近感を持ってもらえるといった具合にです。

そして、共感を起こしながら更に問題提議をしていくことで、ユーザーの問題意識を膨らませていきます。そうすることで、「問題を解決したい！」という欲求を持たせることができるのです。

### ③Solution（解決策）：問題の解決方法の提示

ユーザーの中で膨らんだ問題解決に対する欲求。この欲求を満たす方法があることを伝えるのが、このパーツです。問題を解決する方法として、こんな商品やサービスがありますと提示するわけです。

また、問題解決方法と同時に、なぜ、問題を解決できる理由もこのパーツで伝えます。例えば、ダイエットサプリなら、「糖の吸収を抑える」「脂肪の吸収を抑える」「脂肪の代謝を促す」といった具体的な特徴や強みを伝えるのです。

### ④ Evidence（証拠・根拠）：信用材料の提供

問題意識が大きくなり、それを解決できる方法があることを知ると、問題解決への欲求が高まります。しかし、同時に「本当に信じていいのだろうか？」という心理が人間の心には発生します。

これは、心理学で防衛機制と呼ばれるもので、何でも信じて購入をしていたら破産をしてしまうので疑いの心が出てくるのです。

この防衛機制を解除するのに、「あなたが、この商品で問題を解決しようとしているのは、正しい判断です」という情報を伝えます。

その1つが、商品やサービスで問題を解決できる証拠や根拠。

例えば、ダイエットサプリメントなら、含まれる成分や各成分の体内での働きなどになるでしょうし、競合他社より安価な商品なら、流通の違いなどの説明になるでしょう。

つまり、「こういうわけで問題解決できるんです」ということを伝えることで、ユーザーは「自分がこの方法で問題解決するのは正しい選択だ」と認識するようになります。

### ⑤ User Voice（お客様の声）：利用者の声

Evidenceで、商品やサービスで問題を解決できる証拠や根拠は伝えました。

しかし、これは、あくまで売手が提示している証拠や根拠です。より公正で公平な情報を提示したほうが、ユーザーの商品やサービスに対する安心や信頼を獲得することができます。

公正で公平な情報として、最もよく使われるのが、「お客様の声」です。

お客様は、そのユーザーと何の利害関係もない第三者。そのため、お客様の声はユーザーに信用されやすいのです。それに、お客様の声は、実際に商品やサービスを利用した方の感想なので、ユーザーのイメージを膨らませる効果もあります。

また、お客様の声を集めた数値データなども有効です。これは、「利用者の90％が満足したと答えています」「リピート率80％以上」といったもので、数値データは客観的なので、ユーザーの信頼を獲得しやすいのです。

### ⑥Offer（特典）：効果的なオファー

効果的なオファーは、消費行動の引き金を引く重要な要素です。

割引、送料無料、増量、付随商品やサービスのセット、アフターフォローの割引や無料化などが一般的なオファーになります。このような特典があると顧客は消費行動を起こしやすくなります。

### ⑦Narrow down（絞り込み）：納得できる限定の提示

問題解決がされ、その解決方法が信用できるもので、今なら特典もついてきます。この段階まで来ると、ユーザーは自分が商品やサービスを購入したシーンをイメージするようになります。

実は、人間の脳は、イメージと現実の区別をつけることができません。そして、自分が一度手にしたものが失われるかもしれないと思ったとき、人は恐怖に近い感情を感じるのですが、この感情は人間を強く行動に駆り立てます。

そのため、「放送終了後30分以内であれば……」「お1人様、3箱限りとさせていただきます」といった具合に期間や数量などを絞り込み、「手に入らないかもしれないですよ」というメッセージを伝えると行動を起こしやすくなるのです。

ただし、期間や数量の限定は、提示をすればいいというものではありません。期間や数量が限定される理由を伝えることで信ぴょう性が生まれ、限定が信用されるようになります。

## ⑧Action（行動）：具体的な行動指定

ユーザーは、欲求が高まったら自分で考えて行動を起こすというのは、売手の思い込みに過ぎません。欲しいと思っても、具体的な行動を指定されないと、なかなか動けないのです。

電話での予約が必要なら、「今すぐお電話を」。Ｗｅｂからの申し込みなら「今すぐ、必要事項をご記入の上、お申し込みを」。営業トークなら「是非、この機会にご契約を」と明確でわかりやすい行動指定をすることで、実際に行動を起こしてもらいやすくなります。

【図表 34　反響を高める８つのエレメントで伝える①】

1) Problem（問題）

**こんなお悩みありませんか？**

あんまり食べてないのに
なんだかお腹がぽっこり

気が付いたら
つい食べてしまう

2) Affinity（親近感）

もちろん食べすぎないようにしたり野菜や繊維質のものから先に食べたり順番に気をつけて食事を管理してはいるけど

だけど、
手軽に続けられるサプリが
あったらいいのに…

3) Solution（解決策）　**そんなあなたに！**

**カロリーセーブの４つの機能**

１）食事の糖の吸収を抑える
２）食事の脂肪の吸収を抑える
３）脂肪の代謝、消費しやすくする
４）腹部の脂肪を減らす

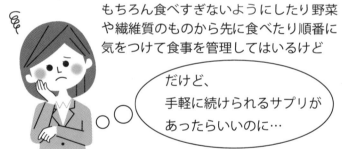

【図表 35　反響を高める８つのエレメントで伝える②】

4) Evidence（証拠・根拠）

**研究結果と特許取得**

L- カルニチン　茶カテキン　ビタミン B 群　CoQ-10

**たくさんの方に長い間ご愛用頂いています。**

5) User voise（お客様の声）

**ご愛用者様から嬉しいお声が届いています。**

性別: 女性
使用年数: 5年以上
年齢: 70歳以上
長くお世話になっています。甘いものが大好きなので、食べ過ぎかなと心配な時も安心しています。

性別: 女性
使用年数: 3年～5年
年齢: 50代
夕食前に飲んでいます。休日のランチで食べ過ぎた時は飲むようにしています。コスパ良く、美容成分にも満足しています。

性別: 女性
使用年数: 1年未満
年齢: 40代
毎日飲みませんが、夕食前に飲むようにしています。油断すると太りやすいですが、とても助かっています。

【図表 36　反響を高める８つのエレメントで伝える③】

6) Offer（特典）

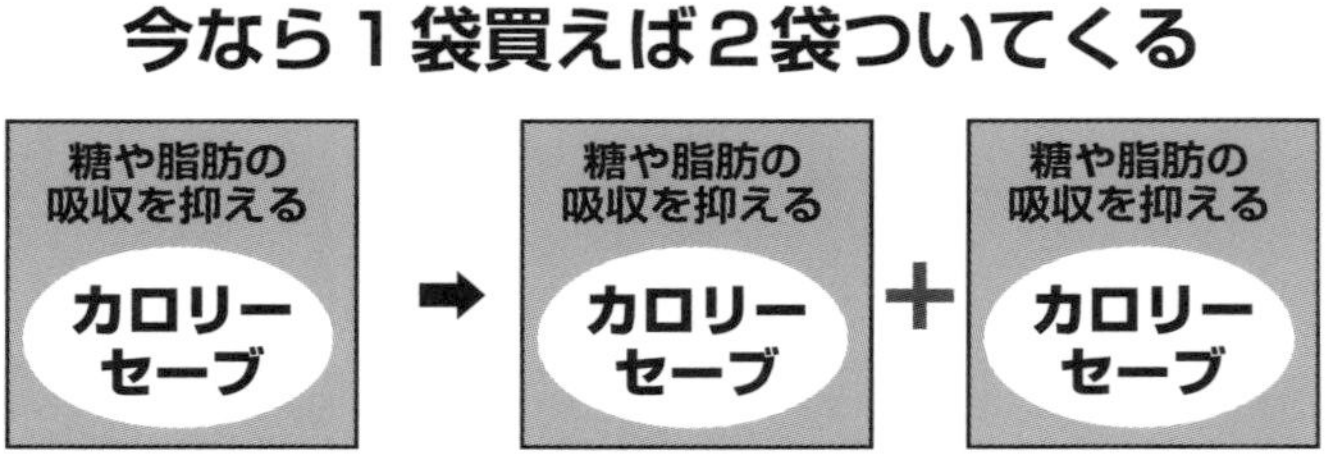
今なら１袋買えば２袋ついてくる
糖や脂肪の吸収を抑える
カロリーセーブ
糖や脂肪の吸収を抑える
カロリーセーブ
糖や脂肪の吸収を抑える
カロリーセーブ

7) Narrowing Down（絞込）

通販限定での特別価格
実質3袋で
1,000円

8) Action（行動）

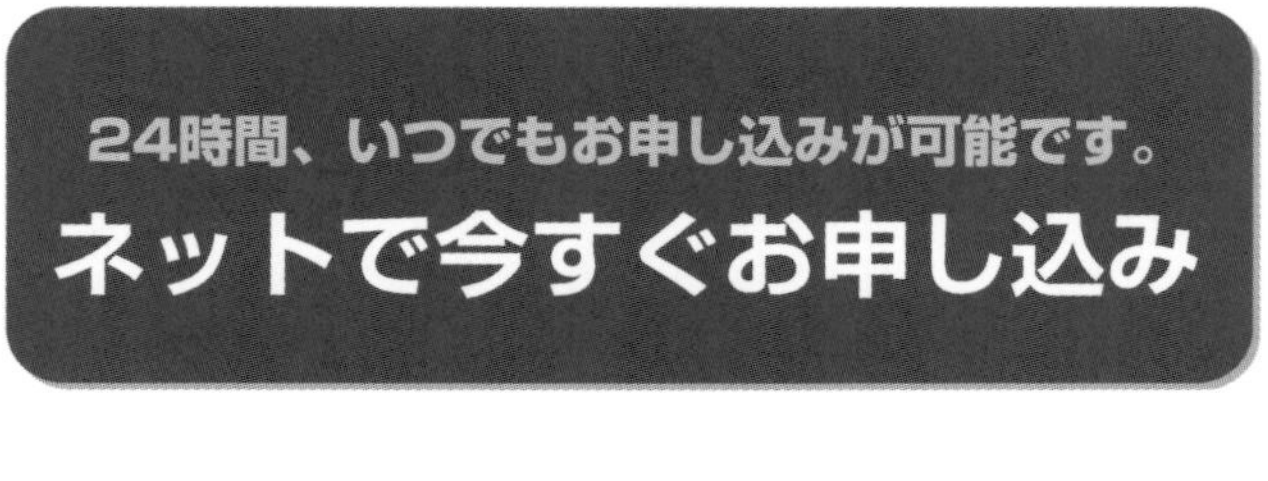
24時間、いつでもお申し込みが可能です。
ネットで今すぐお申し込み

図表37のようなシートを使い、各パーツの項目を埋めていくと簡単にＰＡＳＥＵＯＮＡでコンテンツをつくることができます。

ＰＡＳＥＵＯＮＡこの中でキモになるのは、最初の「Problem（問題）」と「Affinity（親近感）」のパーツです。

「Problem（問題）」で、ターゲットが「これは自分へのメッセージだ」と感じる問題定義をすることができれば、チラシでもランディングページでも読み進めてもらうことができまし、営業トークなら興味を持って話を聞いてもらえるようになります。

そして、「Affinity（親近感）」で、問題意識の増大と、問題解決に興味を持ってもらうことができれば、その後の情報を自分事として傾聴してもらうことができるからです。

この２つの部分で、反響の半分以上が決まると言っていいパーツなので、ターゲットが夜も眠れないくらい悩んだり、不便や憤りを感じていること、抑えきれないほど切実に求めている喜びや楽しみをしっかり考えるようにしよう。

## たった一言で反響が変わる

最後に、ヒントとなる事例を紹介しておきます。

以前、私が広告代理店を経営していた頃のクライアントの着付け教室が、チラシのポスティング

【図表 37　PASEUONA コンテンツ制作モード】

PASEUONAコンテンツ制作メモシート

| | |
|---|---|
| 1) Problem（問題） | |
| 2) Affinity（親近感） | |
| 3) Solution（解決策） | |
| 4) Evidence（証拠・根拠） | |
| 5) User voise（お客様の声） | |
| 6) Offer（特典） | |
| 7) Narrowing Down（絞込） | |
| 8) Action（行動） | |

PASEUONAコンテンツ制作メモシート（記入例）

| | |
|---|---|
| 1) Problem（問題） | 以前と同じ量しか食べてないのに、なんだかぽっこりしがち |
| 2) Affinity（親近感） | 手軽に続けられることがあったらいいのに。。。 |
| 3) Solution（解決策） | 食事の糖や脂肪の吸収を抑え毎日サポートします。 |
| 4) Evidence（証拠・根拠） | 特許取得！成分研究評価済！<br>売上 NO.1 6,700 万個突破！ |
| 5) User voise（お客様の声） | ご愛用者様からうれしいお声が届いています。 |
| 6) Offer（特典） | もう 1 袋付いてくる！2 袋でたっぷり合計 28 回分 |
| 7) Narrowing Down（絞込） | 通販限定！特別価格 |
| 8) Action（行動） | いますぐお試し！ |

で生徒を募集したときのことです。

知恵を絞って、フォトグラフ、ライティング、デザインなどを変更しながら、何度も、ポスティングを行ったのですが全く結果が出ませんでした。

ご存じのように、日本人の和服離れは深刻で、日常生活はもちろん、お祝いや祝典などでも和服姿の人はめっきり見かけなくなり、人生の中で和服を着たのは成人式のときだけという若者も少なくありません。和服を着る機会が激減しているということは、着付けを学びたいという人も激減しているということです。

そのような時代の流れの中で、「着付け教室の生徒募集をチラシでやるのは難しいかなぁ」と正直、思ったのですが、これで最後というチラシをつくったときに、たった一言を入れただけで反響が全く変わったのです。

その一言とは、キャッチコピーの上に「60代のあなたへ」です。

この一言を入れたことで、60代のユーザーは、「これは自分に当てられたメッセージだ」と認識してチラシを手に取りました。そして、ＰＡＳＥＵＯＮＡで情報を伝えられることで欲求が高まり、反響が出たのです。

わかりやすいようにキャッチコピーに一言を加えた例を紹介しましたが、実際にやっていくと、キャッチコピー以外の部分でも、表現方法や一言フレーズを変えただけで反響が大きく変わることがまま起こります。

例えば、文章を話し言葉で、方言を入れたら反響が上がった、注目をして欲しいところに「ここがポイントです」と吹き出しを入れたら反響が上がったなど、たくさんの事例があります。

一度や二度、結果が出ないことで諦めるのではなく、ＰＡＳＥＵＯＮＡで文章やトークの流れが決まったら、ペルソナを意識して、ターゲットとなるユーザーが思わず見てしまい、読み進めるにはどうすればいいのかを考えて色々と試してみましょう。

# 10　売れるセールストーク

## 販売結果を左右する

セールストークの精度は、販売の結果を左右する大きな要素です。

前述した通り、セールストークの骨格はＰＡＳＥＵＯＮＡでつくることができますので、セールストークの精度を高めるポイントを図表38に紹介しておきます。

【図表38　売れるセールストークのポイント】

①ユーザーに興味を持たせる

②結論から伝え、一文一意にまとめる
③イエスセット法を活用する
④断り文句を言われる前に潰す
⑤デメリットやマイナスの情報をしっかり伝える

## ①ユーザーに興味を持たせる

どんなに素晴らしいトークでも、ユーザーが傾聴する姿勢にすることができなければ、セールストークはユーザーに届きません。

売手は自社商品で買手の問題解決をサポートしたいと考えていても、買手は売手のことを「自分に何かを売り込んでくる存在」だと思っています。これは、ある意味、敵対する存在だと思っているようなものですから、ユーザーは簡単には傾聴する姿勢にならないのです。

傾聴する姿勢をつくるのに、USPやPASEUONAの「Problem（問題）」があるのですが、営業トークでは、「興味を持たせる」という部分にも注力するといいでしょう。

例えば、浄水器の販売の場合、いきなり浄水器の機能や性能を説明する営業は少なくないのですが、残念ながらユーザーは売手を敵だと思っていますし、常日頃、自宅で使っている浄水器の機能や性能を意識しているわけではないので、傾聴していただくことは難しいのです。

そんな場合は、「マンションの貯水槽の清掃は年に一度ほどしか行われないってご存じですか?」と相手の知らない話題を切り出してみましょう。

人間は、自分が普段興味を持っていない事柄であったとしても、自分が知らないことを尋ねられると関心を持ちます。

その上で、実際のマンションの水道管の写真を見せて、「蛇口取り付け型の浄水器では、水道管の汚れの成分を除去しきれないことはご存じですか?」と聞いてみれば、蛇口取り付け型の浄水器を使っている人の多くが、興味を持ち、傾聴する姿勢になってもらうことができます。

## ②結論から伝え、一文一意にまとめる

BtoBであれ、BtoCであれ、ユーザーは忙しいため、売手との会話を楽しみたいとは考えていません。だから、セールストークは、結論から伝え、一文一意にまとめるようにすることが重要です。

一文一意は、読んで字のごとく「1つの文に、1つのメッセージを込める」表現方法です。例えば、次の例文Aと例文Bを読んで比較してみてください。

セールストークを一文一意にまとめることで、相手にとって重要なメッセージを明確かつ簡潔に伝えることができ、理解されやすくなります。

【図表 39　お客様の興味を引く】

**例）浄水器の性能の話をする前に！**

・マンションの貯水槽の清掃は１年に１度
・水道管の写真を見せる。

【例文A】

実はですね。コロナウイルスの影響が長引いていますので、日本国内も海外ともに物流に大きな影響が出ていまして、ロックダウンの影響で出荷ができなかったり、高騰してしまったりしますし、更に雇用にも影響が出ておりまして、労働力も不足して、ドライバーの確保も難しいというのが現状です。

売手は、現状を説明しているつもりなのでしょうが、値段が上がるのか、納期が遅れるのか、そもそも納品が難しいのかわかりづらい。この説明で察しろというのは不可能なのです。

これを、結論から、そして、一文一意で改善すると次のようになります。

【例文B】

この商品をこの価格で販売できるのは、今月限りになります。

ご存じのように、コロナウイルスの影響で、海外商品の輸入が難しくなってきています。また、世界的にドライバーの確保が難しくなっており、運送費が上がってきています。そのため、国内での販売価格が来月から上がるのです。

購入するのであれば、今月、ご購入しておくことをおすすめします。

例文Ａより、Ｂのほうが、結論が先に来ているので、相手が何について伝えようとしているのかが把握でき、ストレスなく聞くことができます。

一文一意のポイントは、接続詞の使い方にあります。接続詞とは「しかし」「もしくは」「そして」など、文章をつなげるために使う言葉です。接続詞を上手く使うことで、トークにつなぎ目ができるので、理解しやすくなるのです。

例えば、「本は好きだ。しかし、国語は苦手だ」「電話もしくはファックスで送っていただけますか」「餃子にするか、それともラーメンにするか」といった具合にです。

ただし、接続詞も多用は禁物です。トーク全体のバランスが悪くなり、理解しづらくなります。あくまで、一文一意をつらぬくために必要な場合にのみ、配置するように心がけましょう。

## ③イエスセット法を活用する

イエスセット法とは、何度も「イエス」と返事をしていると、次の質問にも「イエス」と答えやすくなってしまうという心理学に基づいた交渉テクニックです。「イエスセット話法」と呼ばれることもあります。

セールストークでは、欲しい返事をもらうために、その前段階で、「イエス」を複数回もらっておく形で活用します。トップセールスは当たり前のように使っているテクニックです。

イエスセット法は、ステップを踏みながら進めていきます。

最初のステップでは、まず、世間話でイエスをもらいます。例えば、「今日は暑いですね」「昨日は、凄い雨でしたね」「もうすぐ4月ですね」といった、誰にでも同調してもらえる問いかけをするわけです。

次のステップで、BtoBなら、コーポレートサイトや広告から得た情報などで、イエスをもらいます。「御社は、SDGsへの取組みも積極的にされているんですね」「最近、商品をリリースされたんですね」などといった内容を切り出せば、「そうなんです」と答えてもうことができます。

BtoCの販売員であれば、ユーザーの事前調査はできないでしょうが、質問をすることでイエスをもらうことはできます。例えば、「何人ご家族ですか?」「4人です」「では、お子さんはお2人なんですね」「そうです」といった具合にです。

次に、本題に関する内容でイエスをもらいます。

「リクルートのコスト削減をご希望されていらっしゃるんですね」「管理システムの導入をご検討されていらっしゃるんですね」や、「容量の大きな冷蔵庫をお探しなんですね」「防犯カメラの導入をお考えなんですね」といったものです。

ユーザーの話を伺い、それを要約した質問をすればイエスをもらうことは難しくありません。

このようにして、外堀から埋めていくように、誰もがイエスと答える問いかけから、徐々に本丸に迫っていきながらイエスをもらっていきます。そうすることで、最終のクロージングでも、イエスをもらえる確率が上がるのです。

実は、ユーザーを最も雄弁に説得してくれるのは、ユーザー自身。ユーザーは自分がイエスと答えるたびに、自分のイエスに説得されていきます。その結果、最終的な決断でもイエスと答えやすくなるのです。

## ④断り文句を言われる前に潰す

どんな業種でも、また、どんな商品やサービスでも、断りのパターンはいくつかに集約することができます。これは、今までの断り文句を振り返ってグルーピングをすれば、すぐに洗い出すことができるでしょう。

その断り文句が出てくる前に潰しておけば、ユーザーは断りづらくなります。

例えば、価格が断り文句で多いのであれば、「毎月、１万円で管理できるなら安いですよね。もし、人間がこの管理をするならパートひとり分くらいの人件費がかかりますから」。

購入後に使いこなせるかどうかが不安で断られることが多いのなら、「時々、使いこなせるかどうか悩まれる人がいるのですが、うちは、こんなアフターサービスがあるから安心なんですよね」。

商品の認知度が低いことが断り文句で多いのであれば、「この商品は日本で販売をスタートしたばかりですが、性能を重視する方に非常に高い評価を受けています」といった具合にです。

断り文句は、ユーザーの中で植物のように静かに育っていきます。セールストークを聞きながら、引っかかる部分があると、それが種となり、話を聞き進めれば進めるほど成長していくのです。

断り文句が大きく成長した後では、それを取り除くことは難しいです。それは、すでに、ユーザーの中で決定事項に近いものになっているからです。だから、雑談やセールストークの中で、断り文句を種や芽のうちに摘んでおくことが大切なのです。

どのタイミングで、断り文句を潰すトークを入れるのかは、セールストーク全体を見て、「この説明を聞いたら、こんなことが不安になるだろう」と思われるところに入れていくようにしましょう。

例えば、価格の説明をすることで、価格に対する抵抗感が生まれると思われるのであれば、そのタイミングで断り文句を潰すトークを入れるといった具合にです。

## ⑤デメリットやマイナスの情報をしっかり伝える

デメリットやマイナスの情報を伝えることに抵抗を持つ売手は少なくありません。でも、これは大きな勘違いです。

それは、デメリットやマイナスの情報をきちんと伝えることで信頼を獲得することができるし、逆に、それを伝えておかないと、後で大きなトラブルになってしまうからです。

例えば、高級車の販売なら、「燃料はハイオクなので、燃料費は国産車より高くなります」「部品の取り寄せに時間がかかるので、修理に時間がかかります」「国産車に比べ、車検の費用が高くなります」といった具合に、商品自体のデメリットだけでなく、購入後のデメリットなどもしっかり伝えるようにしましょう。

実は、デメリットの中には、伝え方によっては魅力に変えることができるものもあります。

例えば、「この出っ張り、デザイン的にちょっと違和感がありますよね。でも、実は、この商品の凄さは、この出っ張りにあるのです。この中にセンサーが入っているので、これまでの商品では不可能だった〇〇が可能になったんです」と伝えれば、デザイン性の低さが魅力になります。

価格が高いことも、「他の製品よりも、正直、お高いです。その分、原材料にいいモノを使っていますので、他の製品よりも長く使い続けることができます」と伝えれば、魅力を感じていただくことができます。

部品を海外から取り寄せるので、修理に時間がかかることも「修理に時間はかかってしまいますが、多くのユーザー様から、この待ち時間がよかったというお声をいただいています。まるで恋人を待つ時間のように、車に対する愛情を確認できる時間になったと」と伝えれば、魅力的に感じてもらうことができるのです。

契約書や申込書を書いていただくまでに、デメリットのマイナスの情報を伝えておくこと。同じ伝えるのでも、後だしジャンケンのように契約書や申込書の後に伝えると、大きく信用を失うことになるので注意が必要です。

さて、ここまで述べてきたポイントを意識してセールストークに肉付けをしていくことで、より精度の高いオリジナルのセールストークを完成させていきましょう。

## ホームページでリニューアルの事例

マーケティングのＴＦＣは、企業経営にとって、とても大切な概念だと思っています。

例えば、ターゲットが40代の女性で、ファンクションがInstagramとして、この組み合わせ自体、間違えていなかったとしても、コンテンツ、つまりどんなビジュアルで、どんなコピーで伝えるかによって、反響は大きく変わります。

私が広告代理店を経営しているときに、ホームページのリニューアルの提案で営業をかけていたときのことです。特徴をつけようと思い、TwitterとYoutube、Facebookに連携し、スマホ対応までするという提案でした。

ターゲットは企業、ファンクションはテレアポ。ここまではいいでしょう。あとは、電話を掛けて何と言ってアポを獲るかです。

「Twitter と Youtube、Facebook と連携し、スマホ対応をしたＷｅｂサイトのリニューアルにご興味ないですか？」という風に言って、１時間に40件近く電話をしてアポを獲ろうと頑張っていましたが、いくら電話をかけても、「Twitter」と言っただけで切られてしまいます。まだホームページのリニューアルの話もしていないのにです。

そこで、「Youtube」から言うようにしてみましたが、それでもガチャ切りでした。まだホームページとも言ってないのにです。そこで、今度は、「ホームページ」から言ってみるが、やはりガチャ切りでした。

このとき思いました。私たちの企画がよくないのだと。

そして諦めかけたそのときに、アポインターのスタッフから、「まだ「Facebook」から言ったバージョンを試していません」と気づかされました。

まだ日本で広がりはじめたばかりの Facebook にそんなに期待をしていませんでしたが、「Facebook」を冒頭に言うトークに変えた途端に、受付を突破するようになりました。

さらに先方の反応を見ながら、テレアポトークを改善したところ、１００件を超えるアポを獲得したのです。それも誰もが知る大手企業とのアポを何件もです。

何が言いたいかというと、テレアポで何を言うかというのがとても大切です。つまりコンテンツにあたる、文章の組み立てが大切なのです。これはホームページでもチラシでも、ＳＮＳでも、すべて共通することです。

ですので、ターゲットとファンクション、コンテンツの組み合わせを変えてテストしてください。

今回の事例はコンテンツを変えて、変えて、変えた結果、いいコンテンツが見つかりましたが、ひょっとしたら、ターゲットを見直してみたり、ファンクションを見直すことで、新しい市場と出会うこともあると思います。

## 丸投げはＮＧ

ここまでお話するとご理解いただけるかと思いますが、なぜ経営者にマーケティング戦術やクリエイティング戦術の話をするかと言いますと、ホームページや広告は、デザイナーやライターに依頼することになると思います。では、デザイナーやライターに、全部丸投げでいいのか？

この答えは、ＮＯです。なぜならば、本書に書いてあるマーケティングやクリエイティブのことをしっかり理解している広告代理店、デザイナーやライターは少なく、専門家だと思って頼った相手が、詳しく知らない人なら、最もらしい全く効果の出ないものをつくってくるからなのです。

ひとり社長は、これらをしっかり理解した上で、依頼することが理想なのです。そして、経営者が試行錯誤をしないと、外注業者が熱心にやってくれませんし、成果が出るものも、出せずに、終わる結果になります。そうならないように、ひとり社長のマーケティングの理解が大切なのです。

# 第6章　プロセス設計の実行を自動化する

## 1　出ずるを制して利益を増やす

昔から、黒字経営の基本は「入るを量りて出ずるを制する」と言いますが、収益を増やすには「収入を増やす」と「支出を減らす」の２つがあります。

ここまで、プロセスロードマップをつくり、その精度を高めることで売上を増やし、差別化集中戦略で利益を増やす方法について説明してきましたが、どちらも基本的に収入を増やしていくためのものです。この章では、支出を減らす方法について説明をさせていただきます。

### 売上伸ばしには上限がある

どんな会社でも、売上には限界があります。

そして、残念なことに、ひとり社長の場合、その限界は低いのです。

例えば、私なら、仕事はコンサルタント業ですが、１人でサポートできる顧問先の数にも、１月の間にできるセミナーや社員研修にも限界があります。もし、社員研修の問い合わせが山ほど来たとして、休みなく働いたとしても、月に30件以上は受けることができません。事前の打ち合わせや資料の作成、その他の事務作業などもしなければいけませんから、実際に受けることができる研修の数はもっと少なくなります。

## 時間の無駄を減らす

ひとり社長の会社で最も減らすべき支出とは「無駄な時間」。そのためにやるべきことは、「仕事の一部の自動化」と、「ロスタイムの削減」の２つです。

仕事の一部を自動化するなんてできるのか？　という声が聞こえてきそうですが、結論から言うと、できます。あなたが、他の業務をしている間に、顧客とのコミュニケーションを深めたり、顧客フォローをしてくれたりする便利なものがあるのです。

それが、第5章に登場したＩＴです。

人でなくてもいい仕事は、どんどんＩＴに任せていけば、マーケティング活動の時間を大幅に減らすことができます。それに、ロスタイムの削減も、ＩＴを使えば難しくありません。

おそらく、この章でお話をする出ずるを制す取組みは、ひとり社長の会社で最後に行う取組みみになると思いますが、将来、そういったことをすることを意識してプロセス設計やマーケティング戦略を組み立てていくようにすることで、ひとり社長の会社で稼ぎ出せるギリギリまで売上をつくり出すことができるようになります。

私は、5年ほど前から、マーケティングをはじめ、ビジネスにおける自動化に取り組んできました。当時は、まだ自動化というと怪しまれるような時代でしたが、ソフトウェアの精度も上がり、ますます実用的になってきましたので、その手法を一部ご紹介させていただきます。

## 2　ＭＡとＲＰＡで見込顧客の獲得を自動化する

### 契約前の部分のＩＴ化

前述のマーケティングオートメーションツール（ＭＡ）と、ＲＰＡ（Robotic Process Automation）を組み合わせれば、プロセス設計図の集客で行っていた業務の一部を自動化することができます。自動化をすれば、時間を削減できるだけでなく、マーケティング活動で最もコストのかかる集客のコストも削減することができるので、大幅に利益を増やすことができるようになります。

ちなみに、ＲＰＡは、Robotic Process Automation の略称で、ＰＣなどのコンピューター上で行われる作業を人の代わりに自動で実施してくれるソフトウェアのことです。ＲＰＡはまるで人間のように仕事を行ってくれるので、ＲＰＡを導入すれば、ＰＣを用いた単純な繰り返し作業を自動化し、自社の生産性向上を実現できるのです。

ＭＡとＲＰＡで自動化できるのは、業務プロセスで言えば「契約前」に当たる部分です（図表40）。Ｗｅｂからの問い合わせ、異業種交流会や展示会での名刺交換、説明会やセミナーで入手した見込顧客リストに対するアプローチを自動化することができます。

より多くの見込顧客に、スピーディーかつ丁寧な対応をするために、自動化は必要です。

## 【図表 40　見込顧客の獲得を自動化する】

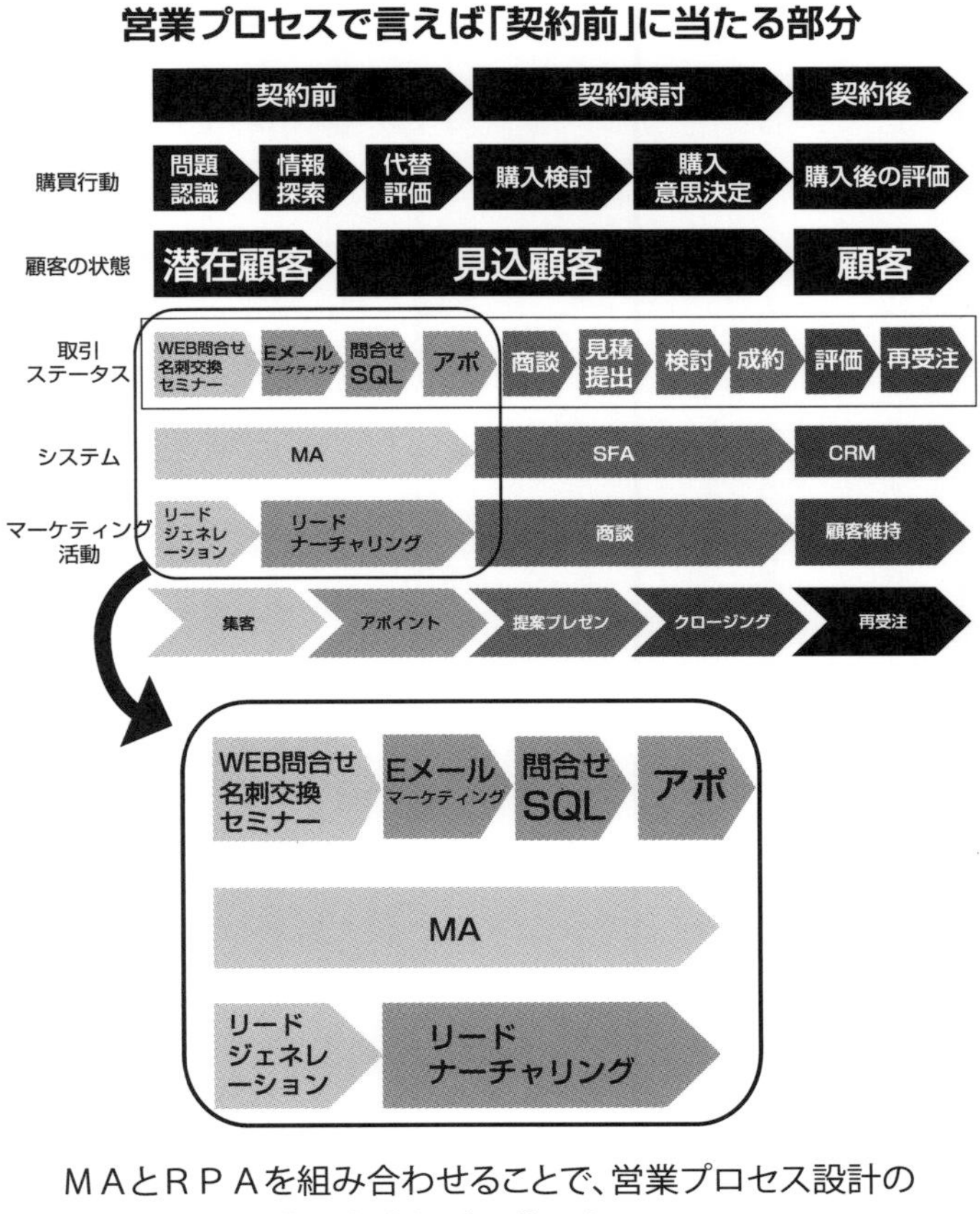


ＭＡとＲＰＡを組み合わせることで、営業プロセス設計の「契約前」の作業の自動化が可能になる。
自動化することで、社員の業務負担を減らすことができるし、集客コストを下げることで利益率を高めることができる。

## 見込顧客ごとに自動的にメッセージを変える

ホームページに訪れた見込顧客、異業種交流会や展示会で名刺交換をした見込顧客、セミナーやイベントで獲得した見込顧客がいても、忙しさのあまり、フォローにまで手が回らなかったり、そもそも忘れてしまうことは、時間の少ないひとり社長の場合、まま起こります。

前述のハブスポットとホームページを連携すれば、ポップアップCTA(Call to Action)や、チャットボット（chatbot）を、見込顧客の層に合わせて表示させることができるので、そういったフォローのし忘れがなくなるのです。

ポップアップCTAとは、顧客に資料請求や購入など、何かしらの行動を起こしてもらうためのテキストや画像のことです（図表41）。チャットボットとは、「チャット」と「ボット」を組み合わせた言葉で、シナリオに沿って、人が対応しているかのように応答する「チャットプログラム」のことです。

具体的には、ホームページに初めて訪れた人、交流会や展示会でお会いした人、説明会やセミナーで入手した顧客リストなどを属性に分けてシステムに登録しておけば、ポップアップやチャットで属性ごとに必要な情報を表示させることができます。

例えば、展示会で名刺交換をした人には「先日、交流会で名刺交換をしていただきまして、ありがとうございました。先日の商材の詳しい資料をこちらからダウンロードできます」といったメッセージを、セミナー参加者には「先日はセミナーにご参加いただきましてありがとうございました。

## 【図表41　チャットボットポップアップCTA】

■チャットボット

↑チャットボット

■POP UP CTA

↑POP UP CTA

セミナーに参加していただいた方に特別な動画を用意しています」といったメッセージを個別に表示することができるのです。

また、「異業種交流会で無作為に出会った人より、展示会で名刺交換をした人のリストのほうが商品ニーズは高い」といった具合に、属性によって親密度や自社商品に対するニーズは異なります。

その属性ごとに必要な情報を表示させることで、見込顧客と次につながるコミュニケーションを取ることができます。

## 見込顧客の獲得時の手間を削減

ハブスポットを使えば、メールフォームからの問い合わせ顧客の属性を自動的に分類することができます。

ちなみに、ハブスポットにはメールフォーム作成機能もあるので、これを使えばシステムの知識がなくても簡単に作成することができます。通常のメールフォームは、メールシステムで受信するだけで、顧客の属性などは手動で分類しなければなりませんが、ハブスポットでつくったメールフォームなら、自動的に属性の分類がされ、そのままデータベース化できるのです。

それに、自動的に自分のメールアドレスへと転送することも可能なので、メールフォームからの問い合わせの確認ミスというヒューマンエラーも防ぐことができます。

【図表 42　リストをデータベース化する】

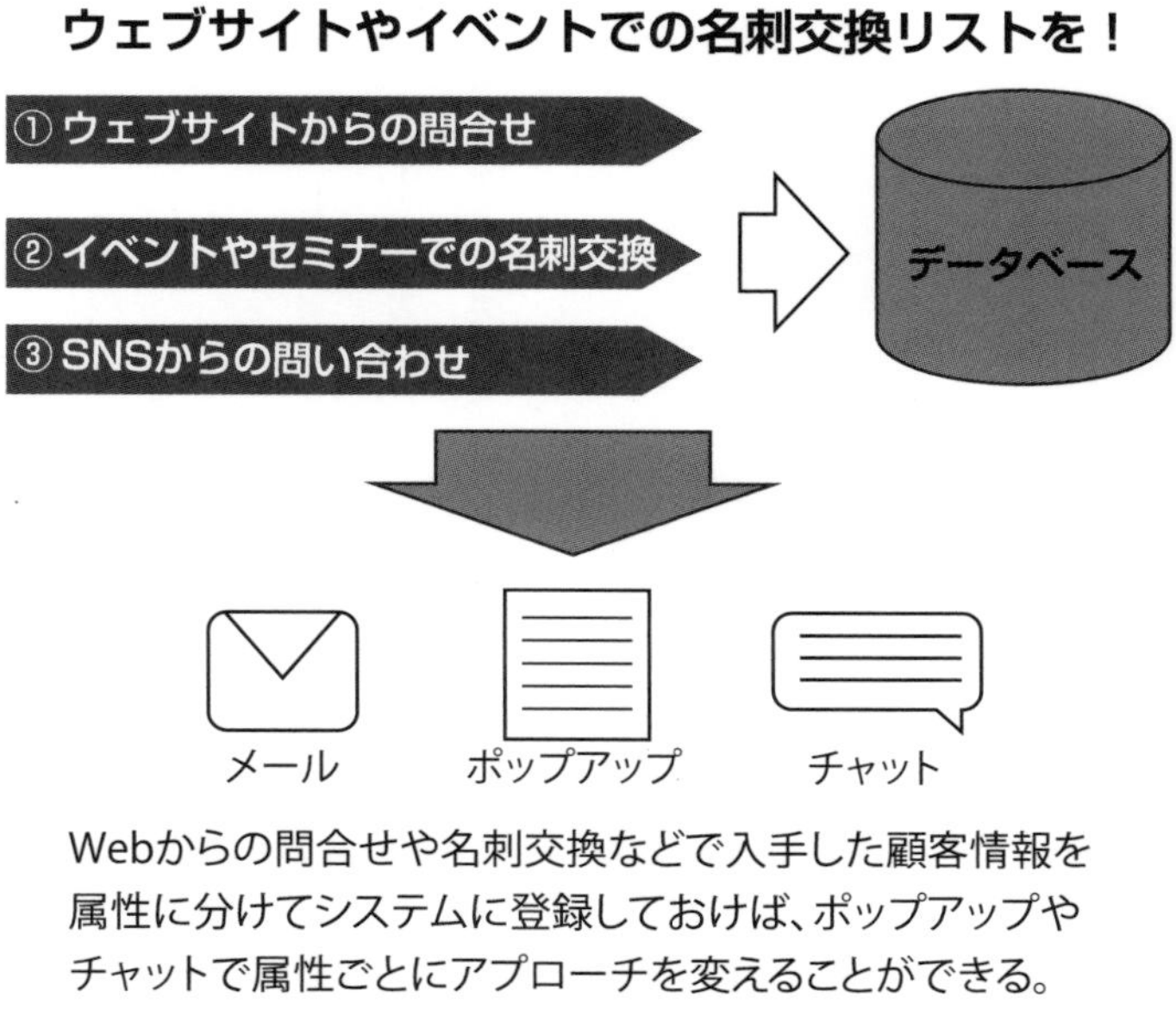
ウェブサイトやイベントでの名刺交換リストを！
① ウェブサイトからの問合せ
② イベントやセミナーでの名刺交換
③ SNSからの問い合わせ
データベース
メール
ポップアップ
チャット
Webからの問合せや名刺交換などで入手した顧客情報を
属性に分けてシステムに登録しておけば、ポップアップや
チャットで属性ごとにアプローチを変えることができる。

また、顧客ごとに、メールの開封の有無や回数、ホームページなどへのクリック回数、添付資料のダウンロードの有無などを確認できる機能を使えば、メールマーケティング後のワークフローを自動化することもできます。

例えば、最初のメールマーケティングに対する顧客のアクションを、「メールを開封した人」「メール内のリンクをクリックした人」「リンクをクリックしたけど申し込まなかった人」「メールを開封しなかった人」に分類するとします（図表43）。

分類ごとに顧客のニーズレベルは異なるので、それぞれの分類に対して次に送るメールを4種類登録をしておくと、自動的に顧客のアクションに応じたフォローメールを送ってくれるのです。

この機能を活用すれば、フォローにかける時間の短縮と、連絡のし忘れなどのヒューマンエラーによる機会の損失をなくすことができるのです。

このように、見込顧客の獲得を自動化できるＭＡとＲＰＡは、ひとり社長の優秀な右腕になってくれるＩＴツールなのです。

蛇足になりますが、他にもパブスポットには面白い機能があります。

例えば、メールを開封したら1点、資料をダウンロードしたら2点、料金ページを確認したら3点といった具合に、顧客のアクションごとに点数を設定しておくと、それをスコアリングして点数順に並べることができます。

【図表 43　顧客アクションに合わせたメール内容にする】

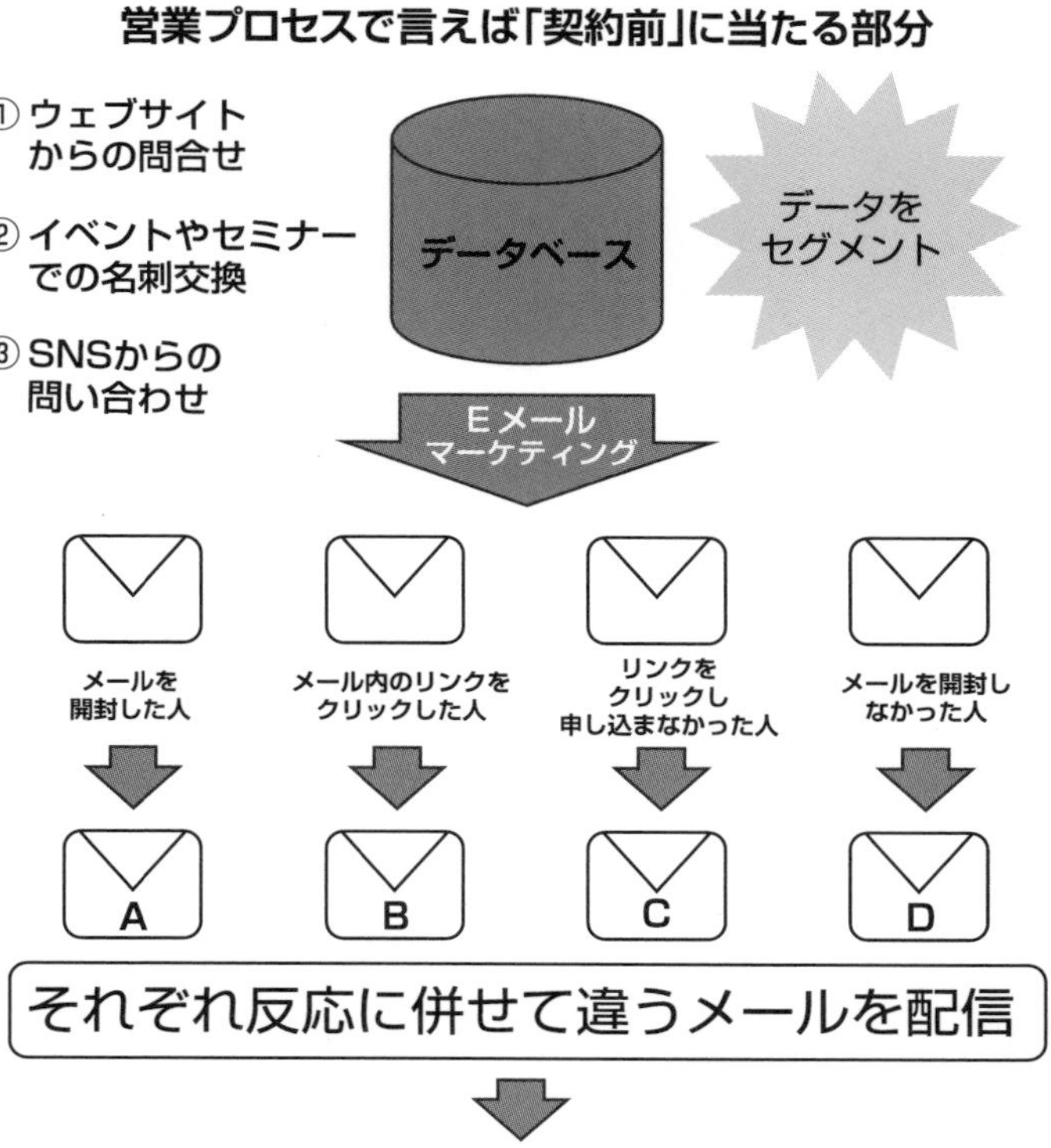


**見込顧客をスコアリング**

| 名前 | アドレス | 開封数 | 訪問数 | スコア |
|---|---|---|---|---|
| 山田太郎 | aaa@mail.com | 10 | 5 | 10 |
| 佐藤一郎 | bbb@mail.com | 8 | 4 | 9 |
| 田中幸助 | ccc@mail.com | 5 | 4 | 8 |
| 鈴木裕之 | ddd@mail.com | 6 | 3 | 7 |
| 木下隆史 | eee@mail.com | 2 | 1 | 3 |

当然、点数が高い人は、それだけ関心度が高いということですから、この点数表を見れば、営業をかけるタイミングを知ることができ、更に集客率を高めることも可能になります。

## 3　SFAとZOOMで商談を管理する

### SFAとZOOMを使いこなす

SFA（Sales Force Automation）は、営業支援システムのことです（図表44）。

顧客情報や案件の進捗情報、商談事例などの営業活動にかかわる情報をデータ化してくれるので、「勘」「根性」「経験」の営業を、「科学的」「自動的」な営業に改善し、生産性の向上や効率化に活用することができます。

前述のハブスポットには、実は、この機能も搭載されています。ZOOMは、コロナウイルスの影響ですっかり一般化したので、ご存じだと思いますが、ビデオコミュニケーションズが提供するクラウドコンピューティングを使用したWeb会議サービスです。

この2つを使いこなせば、業務プロセスの「契約検討」を管理でき、契約率を上げることができます。

例えば、前述のチャットボットから、オンライン商談を受け付けます（図表45）。

【図表 44　商談を管理する】

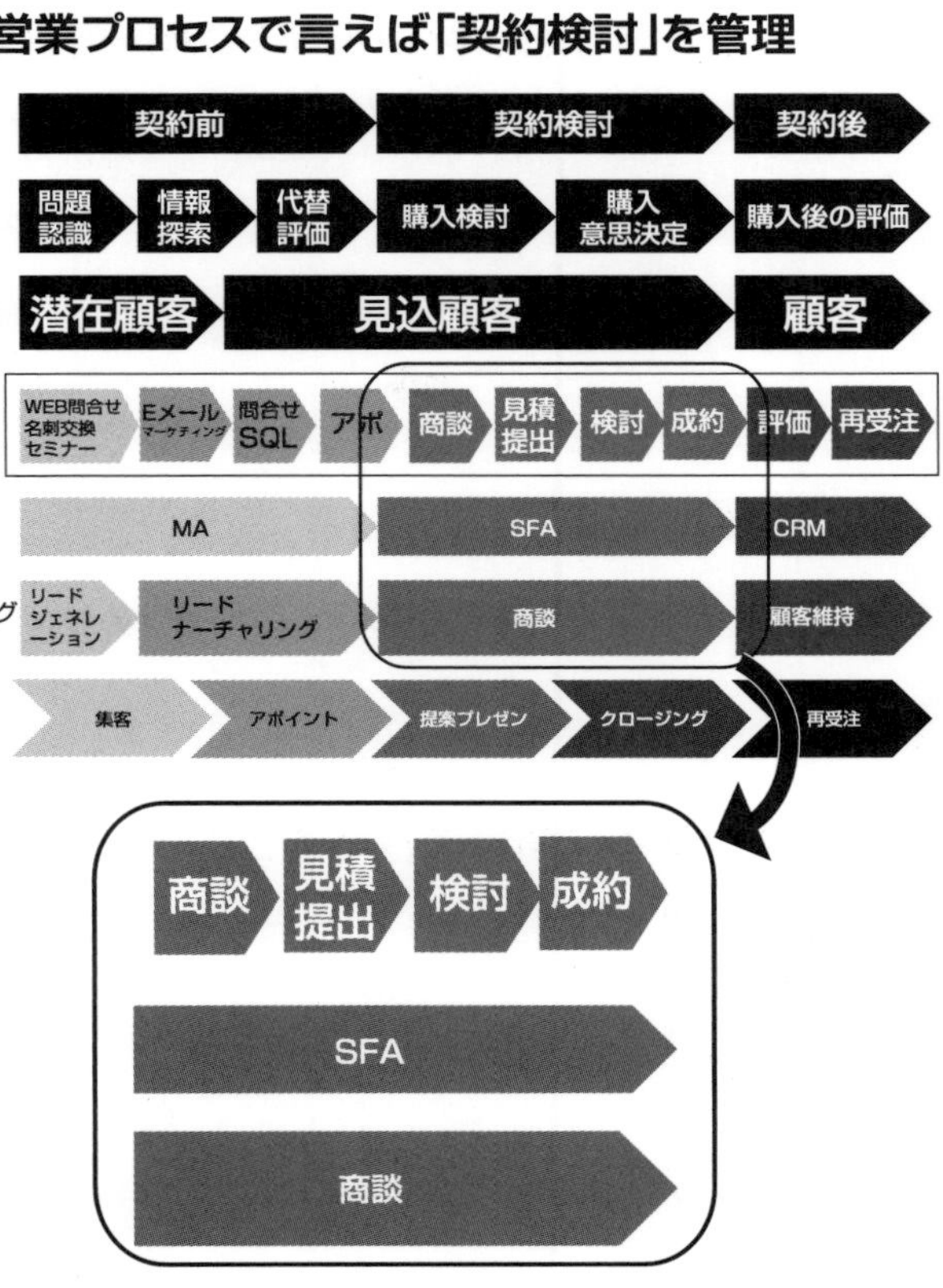


ＳＦＡとＺＯＯＭを組み合わせることで、プロセス設計の
「契約検討」を管理し、契約率を高めることができる。
社員の管理を減らすことができるし、対応のし忘れ、
連絡ミスなどのヒューマンエラーも防ぐことができる。

【図表 45　チャットボットで商談受付を自動化する】

チャットボットに、あらかじめ「商品の購入についてのお問い合わせ」「商品の価格に対するお問い合わせ」「株式会社○○に対するお問い合わせ」「その他のお問い合わせ」など、商談の目的を入れておき、そこをクリックすれば、カレンダーの中から見込顧客が都合のいい日を選べるようにしておくのです。

こうしておけば、顧客の都合を聞きながらスケジュールを調整する手間と時間を省くことができますし、売手が、商談は火曜日と水曜日に集中させたいと思っているなら、その日程をカレンダーで設定しておけば、その日に商談を集中させることもできます。

この際、ZOOMと連携しておけば、ZOOMのURLが記載された確認メールを相手に自動的に送ることができます。商談の申し込みが来てから手動でZOOMのURL発行の手続をして返信をするのに比べると、ここでも無駄な時間の削減ができるのです。

それに、対面からZOOMに商談の場を変更すれば、移動時間などがなくなりますから、例えば、これまで1日に3件が限界だった商談を5件に増やすことができます。その商談自体を、業務の空き時間に入れてもらえるように仕掛ければ、業務効率を更に高めることだってできるのです。

## 商談申し込みのハードルを下げる

見込顧客の中には「商談すると売り込まれる」というイメージを持っていて、商談を申し込むことに抵抗を持っている人もいます。

そういう場合は、商談の目的に「商品について詳しく知りたい」「他社製品との違いを知りたい」「見積もりを出して欲しい」など、商品購入前の顧客からよく受ける質問を選択項目に入れておけば、売り込まれることへの抵抗感が低くなり、商談の予約を入れてもらいやすくなります。

## ＩＴはスケジュール管理の達人

仕事をしていると、横から飛び込みの予定というものは、どんどん入ってくるものです。その度に、手動で商談可能日の更新をするのはかなりの手間がかかる作業です。

しかし、ご安心ください。Google カレンダーと連携しておけば、自分の予定をカレンダーに入れると、商談可能日の更新を自動的に行ってくれるのです。

私もこの機能を使っていますが、時間管理をしてくれるスタッフを雇っているくらいに便利です。

このようにＳＦＡは時間のロスを削減する強い味方になってくれるのですが、それだけでなく、商談履歴や進捗に関する情報、電話やメールのやり取りの記録を残すことができます。また、顧客のＷｅｂの閲覧の記録やタスクの管理もできるので、営業活動の記録を如実に残すことができます。

他にも、アポイントから受注、もしくは失注までの取引のパイプラインの管理だってＳＦＡはしてくれます。現在、アポイントが何件で、商談が何件、提案中が何件、見積書提出が何件、決済されているのが何件あるのかが一目で確認できるのです。

例えば、トランザクションパイプライン上で商談数が多くなっていれば、商談まで進んでいるのに、その後の提案ができていないことがわかり、簡単にボトルネックを見つけ出すことができます。もう、ここまでくると、有能な秘書を雇っているのと同じですね。

このようにＩＴを活用すれば、「仕事の一部の自動化」と、「ロスタイムの削減」を実現することができるのです。

読者の中には、もしかしたら、ＩＴに対して苦手意識を持っている人もいらしゃるかもしれません。そういう人にとっては、ＩＴの導入は非常に高いハードルに感じるものでしょう。

しかし、現在、流通しているＩＴは、専門知識なんてなくても使えるものが増えていて、少しレクチャーを受ければ、誰だって使いこなせます。

どんな職種であっても、ひとり社長にとって、ＩＴは、強力な協力者になってくれるはずです。苦手意識なんて単なる思い込みですから、是非、ＩＴを活用して、ひとり社長の会社で稼ぎ出せるギリギリまで売上をつくり出していきましょう。

## マーケティングとリード獲得を自動化し、生産性を高めた事例

名刺にメールを送って、どんなテーマに反応したのか？

リストを分類するお話はしましたが、その分類されたリストに対し、単にメールを次々に送りつけるのでは、自動化とは言い難い部分があります。せっかく一生懸命考えて、ステップメールをつくっても、読者のニーズに合っていなければ、いきなり1通目から意味のないメールになります。

マーケティングに興味ある人、人材教育に関心のある人、興味関心に合わせて送り分けます。

次に、ＰＲＡが反応の高いリストに対してドメインからホームページに訪れ、資本金や従業員数、事業内容などの情報を取し、データベースに格納します。これらの情報を元にＡＩでリードを分析し、契約の確率が高い順に並べかえてくれます。

私が顧客リストをＡＩで分析することをおすすめするのは、実際に分析した結果、かなりアポ率の高いリストをつくることができたからです。そのリストに、オンライン面談（営業）を申し込むメールを、ＭＡが自動で送ります。オンライン面談の予約リンクがついており、メールを受け取った相手は、ご自身のスケジュールに併せて、日程を選べます。

そしてオンライン面談の予約が入ると、自動でＺＯＯＭのリンクが発行され、予約者と私にメールで知らせてくれるのです。あとは当日にオンライン面談の対応を行い、営業をするだけでよいのです。

すべてＭＡとＰＲＡ、ＡＩの分析ツール、ＳＦＡが連携し、自動でアポまで準備してくれるのです。時間と手間が削減できただけでなく、何より商談の獲得率が2倍にすることに成功したのです。

# 第7章　実施にあたって知っておいてほしいこと

## 1　ひとり社長のビジネスを成功に導く5つの大切なこと

### 理想イメージと行動レベルを変える

(1)セルフイメージを理想のイメージに変える
(2)自社の儲かる会社の設計図をしっかりつくっていく
(3)実行可能なスケジュールに落とし込んでいく
(4)やりながら修正し緻密な設計図に調整していく
(5)まずは継続。そして成功するまでやり続けましょう

まず、ビジネスで今まで以上の成果を出したいのなら、自分らしいセルフイメージを理想のイメージに変えていくことをおすすめします。その理想のイメージが、自分らしいイメージだと思えるようになることで、それは、自分が知らないうちにつくり上げた「自分自身の成長の天井」を突破していかなければいけないのです。

なぜ、こんなお話をするかと言いますと、以前、月収3000万円の社長とお会いしたときに、「月収3000万円」と聞いて、「年収」と聞き間違えたのか？　と思いました。

その方と会社の規模も違いますので、自分の収入と比較するのも、違うと思いますが、自分の想

像を超えていて、私自身が月に３０００万円の収入を稼ぐイメージを持てなかったのです。

さら、月に３０００万円稼ごうとも思っていなかったことに気づきました。

ですので、月に３０００万円稼ごうと思っていない男に、３０００万円稼ぐイメージができるかと言うと、できないわけです。３０００万円稼ぐ方法も考えていなければ、３０００万円稼ぐ行動もしていないので、その時点で３０００万円は稼げないし、稼がないのです。

そのときに気づきました。月に３０００万円稼ぎたいと思わないと、そういう行動にも出ませんので、しっかりと理想のイメージを持つことが大事だということです。

では、それを実現するには、どう行動すればいいのでしょうか？　計画を立てる必要があります。

もっと理解しやすい数字に置き換えて説明すると、今の収入が月に１００万円として、その収入を２００万円とか３００万円に引き上げていきたいと思わなければ、１００万円を稼ぐ働き方と３００万円を稼ぐ働き方は違うわけですから、基本的な行動レベルで、実現ができないということになります。

どうやったら、もっと稼げるのか？　理想のイメージと行動レベルで方法を考えていくことが大事だと思います。

ですので、今年の儲かる会社の設計図、来年の儲かる会社の設計図、３年後の儲かる会社の設計図と、目標金額を上げたセールスロードマップを３年分作成することをおすすめします。

3年分の儲かる会社の設計図ができ上がったら、その実現に向けて期日を決めるだけでなく、詳細に、実行すべきことをスケジュールに落とし込んでください。いつまでにやるとかではなく、それぞれの行動をいつやるのか？　スケジュールに落とし込んでいくことをおすすめします

そして、いきなり完璧な儲かる会社の設計図をつくろうとせず、6割がたつくり、やりながら、修正を加えながら、少しずつ精度を上げていかれるといいと思います。

とにかく、まずは「始めてみる」、そして継続してください。つくり上げたセールスロードマップを階段を登りきるイメージで、最後までしっかり登り続けてください。

そして、これからひとり社長の皆さんに訪れる、ひとり社長の成功を阻害する要素があります。先にお伝えしておきますので、これに打ち勝って成功を手に入れてください。

## ひとり社長の成功を阻害する要素

### ①今までとやり方が変わって新しいことを覚えたくない

こんな風に思う方が一定数いらっしゃいます。こう思っている限りには、やっぱり自分の人生変えていけないですよね。

### ②ＩＴ化に対する嫌悪感もしくは不安感がある

年代的には、一定数いらっしゃると思います。ガラケーからスマホに変わるときに、戸惑った方

もいらっしゃると思います。でも今はスマホが普通になっています。ＩＴなんてそんなもんです。

**③理想にこだわりすぎて構築できない**

計画をつくるときに、理想にこだわり過ぎて、なかなか構築できず、いつまでもスタートできないことはありませんか？　計画に時間をかけ過ぎて、時代が変わり、計画が使いものにならないようになることに気をつけてください。

**④やっても無駄なんじゃないかなって思い始める**

取り組み始めて1～2か月程度で、やっても無駄ではないか？　と思い始めて実行するのを辞めてしまう人がいます。ある一定の成果が出るまで、改善しながら、最善の方法を模索してください。

**⑤組織の大小も業界も地域も関係ありません。そして小さくても儲かります。**

「ウチは零細企業だから」「この業界は特殊だから」「地域が特殊だから」、上手くいかないのでは？そう言ってやらない人もいます。そうやっていると、いつまでも規模は大きくなりません。

今、申し上げたこれらの話は、すべて社長自身の心の中から出てくるものです。

こういったことを思い始めると、動きも悪くなってきますし、この成功を阻害する要素を意識から取り払って、自分は成功するんだという理想のイメージを持って頑張っていただけたらと思います。ひとり社長自身が、理想のイメージに書き換えて、そこにたどり着くまでの「儲かる会社の設計図」をつくりあげ、しっかりと行動に移してください。

# おわりに

10代で働き始めて、20代の前半で経営者になりました。

後世に残る会社にしようと広告代理店を20年経営しましたが、経営陣で紛争が起こり、代表取締役を辞任しました。そして、一大決心をして経営コンサルタントとして第二の創業をしました。

顧問先は、業績が上がる一方で、私はひとりでビジネスをやるメリットの裏側にある難しさを感じる場面もありました。そして、「組織で会社を経営するのと、ひとりで会社を経営するのは、少し違う」と気づきました。その少しの違いが、とても難しかったのです。

ただ、利益率が高く、リスクも小さい「ひとり社長」のスタイルにこだわって、どこまでやれるか？　私の新しい研究と挑戦が始まりました。

本編でもお話ししたように大切なことは、次の4つです。

①成功に必要なやるべきことを明確にする
②そのやるべきことをスケジュールに入れる
③生産性を高める時間管理とサポート体制の構築
④そして、成功するまで「やりきる」こと

ここで、私の1週間をご紹介しましょう。

基本的に、朝8時にオフィスに出社します。メールチェックや1週間のスケジュールを確認して、1〜2時間ほど、マーケティングメールの原稿やYoutubeの台本を作成します。

その後、午前中は顧問先の定例会議に出席します。大体午前中は顧問先でのコンサル業務が中心になっています。

そして、月曜日と金曜日の午後は、営業の予定が入っています。これは、ほとんどがオンラインでの商談が中心です。この商談のアポは、外部パートナーさんが獲得してくれたアポか、もしくは、MA（マーケティングオートメーション）が獲得してくれたアポになります。いずれもミーティングの予約リンクから私のカレンダーに自動で入ってくるのです。

30分から1時間の商談が平均3件程度入っています。

火曜日の午後と、木曜日の終日は、人と会う予定を入れないようにしています。

この時間は、クライアントの事業計画書の作成など補助金申請のサポート業務や、オンライン講座のコンテンツ作成やセミナーのスライド作成などの制作にまつわる業務をやっています。昼もデリバリーで食事を済ませ、朝から晩までPCの前で作業することもあります。

夜は、お客様や経営者仲間と会食をしたり、異業種交流会に参加することもあります。お付き合いが多くなると、体力的に仕事に影響しますので、週に2〜3回に留めるように心掛けていますが、食事をしながら経営者の方と話をすることで、世の中の動向を感じたり、新しい発想が生まれたりと、とても大切な時間だと感じています。このような時間を過ごせるようにするためにも、日々のスケジューリングを大切にしています。

そして、週末（土・日）はお休みをいただくのですが、プライベートの予定がないと、マーケティングメールの原稿やYoutubeの台本作成と撮影などの時間に当てています。

私の仕事はPCとWi-Fiがあれば、どこでもできる仕事がたくさんありますので、たまにドライブがてら小旅行に出掛けて、雰囲気を変えてワーケーションっぽく、原稿の執筆をしたりしています。もっと時間と場所に捉われないビジネスに転換することが今後の私の目標でもあります。

例えば、実際に人にお会いする仕事を月、火、水の3日集約し、木、金はリモートとデスクワークにすれば、木曜日に出国し、日曜日に日本帰ってきます。そして海外でワーケーションをすることも可能ですので、そういった意味でも「ひとり社長」ならではの働き方には、魅力を感じます。

それもこれも、しっかり売上を上げて、利益を出してこそですので、「ひとり社長の儲かる会社の設計図」で、売上と時間を手に入れて、ひとりでも多くの「ひとり社長」に豊かな人生を送っていただきたいと願っています。

ひとり社長のビジネスを成功させたいという方へ
最後に、中尾誠一からのサプライズプレゼント！

# ひとり社長が９０日間で ビジネスを成功に導く ７つのフレームワーク

収録されているフレームワーク

1.売り込みたい自社プロダクト分析シート
2.機会に強みを被せるクロスSWOT分析
3.見えない敵を見える化するファイブフォース分析
4.99%を捨て1%に絞るペルソナ作成シート
5.PASONAの法則と反響を高める8つのエレメント
6.購買決定プロセスの5段階モデル活用したカスタマージャーニーマップ
7.実践するだけで売上が上がるセールスロードマップ

上記、QRコードを読み取り
公式LINEに登録することで
プレゼントを送付させていただきます。

その他、ひとり社長のビジネスを成長させる情報を同時に GET できるチャンス

著者略歴

**中尾　誠一**（なかお　まさかず）

1970年生まれ。1985年神戸市立上野中学校卒業。

パティシエ見習い、レストラン、ホテル、バーを経て1994年に有限会社ティフ・プランニングを創業。

ゼロから起業し、従業員1名から300名規模まで広告代理店事業を拡大。営業組織の構築について研究を重ねる。新規顧客開拓から既存顧客の囲い込みに至るまでの営業プロセスを、カテゴリーに分業フロー化し安定的に売り上げるビジネスファクトリーメソッドを体系化、実践し、年商18億円を達成。

その後、経営コンサルティング会社、スーパー・アカデミーを設立。「ゼロから起業し、会社を成長させた実体験」を体系化した経営ノウハウを中小企業経営者に指導。営業会社などを中心に、多くの顧問先企業が業績を伸ばしている。

また、同ノウハウを一人で実行できる形にまとめたものは、ひとり社長に、わかりやすく、実践可能で、結果が出ると高く評価されている。

2022年3月一般社団法人日本経営者育成協会を設立。代表理事に就任。
●株式会社スーパー・アカデミー公式サイト
https://super-academy.jp/
●一般社団法人日本経営者育成協会公式サイト
https://jen.or.jp/

**ひとり社長の儲かる会社経営のキモがわかる本**

2023年5月30日　初版発行

**著　者**　中尾　誠一　

**発行人**　森　　忠順

**発行所**　株式会社 セルバ出版
〒113-0034
東京都文京区湯島1丁目12番6号 高関ビル5B
☎03（5812）1178　　FAX 03（5812）1188
http://www.seluba.co.jp/

**発　売**　株式会社 三省堂書店／創英社
〒101-0051
東京都千代田区神田神保町1丁目1番地
☎03（3291）2295　　FAX 03（3292）7687

**印刷・製本**　株式会社丸井工文社



Printed in JAPAN
ISBN978-4-86367-815-6